幼儿园优质教研活动设计方案

朱清 等 著

中国轻工业出版社

图书在版编目（CIP）数据

幼儿园优质教研活动设计方案/朱清等著.—北京：中国轻工业出版社，2019.1（2025.5重印）

ISBN 978-7-5184-2112-1

Ⅰ.①幼⋯ Ⅱ.①朱⋯ Ⅲ.①幼儿园－教学活动－教学设计 Ⅳ.①G612

中国版本图书馆CIP数据核字（2018）第216616号

保留所有权利。非经中国轻工业出版社"万千教育"书面授权，任何人不得以任何方式（包括但不限于电子、机械、手工或其他尚未被发明或应用的技术手段）复印、拍照、扫描、录音、朗读、存储、发表本书中任何部分或本书全部内容，以及其他附带的所有资料（包括但不限于光盘、音频、视频等）。中国轻工业出版社"万千教育"未授权任何机构提供源自本书内容的电子文件阅览、收听或下载服务。如有此类非法行为，查实必究。

责任编辑：王慧超　　责任终审：杜文勇
策划编辑：高　君　　责任校对：刘志颖　　责任监印：吴维斌

出版发行：中国轻工业出版社（北京鲁谷东街5号，邮编：100040）
印　　刷：三河市鑫金马印装有限公司
经　　销：各地新华书店
版　　次：2025年5月第1版第10次印刷
开　　本：710×1000　1/16　印张：14
字　　数：120千字
书　　号：ISBN 978-7-5184-2112-1　定价：38.00元
读者热线：010-65181109
发行电话：010-85119832　　010-85119912
网　　址：http://www.chlip.com.cn　http://www.wqedu.com
电子信箱：1012305542@qq.com
版权所有　侵权必究
如发现图书残缺请拨打读者热线联系调换
250708Y1C110ZBW

前 言

笔者在南京师范大学教育管理系就读研究生时,发现了一本名为《在参与中学习与行动——参与式方法培训指南》的图书。该书基于国际视野,介绍了教师培训的新理念、新角度(参与式)和相应的实践行为。读完这本书,笔者感触颇深。彼时,笔者所在幼儿园的研训活动遇到了瓶颈:教师对每周一次的读读文件、听听介绍的业务学习不感兴趣;园所好不容易外请专家来做讲座,教师们也不以为然、缺乏热情……由此可见,幼儿园研训活动的组织与指导出了问题。

后来,笔者的工作岗位发生了变动,由一所幼儿园的园长转变为一个区的教研员。参与教研、组织教研、评估教研成为常态工作,关注教研活动质量成了工作的重心。要让参与教研的老师们满意,学到想学的内容,掌握相关的方法并付诸实践,为儿童发展服务提供帮助,是笔者追求的理想境界。

联系幼儿园教研活动中出现的问题,笔者在指导教研活动时,更加关注对教研对象的了解、教研内容的适宜性、教研过程中教师的参与以及教研效果的反馈。笔者渐渐发现:申报参与笔者的教研组或教研团队的教师越来越多,甚至超过了规定的人数,有的教师还会直接询问能不能继续留下来学习。在一次与"万千教育"图书品牌高君编辑交流时,我把教研做法和发现告诉了她,她鼓励我将其撰写并记录下来,于是就有了本书的框架和内容。本书分为理论篇和实践篇两部分,理论篇主要介绍了幼儿园教研活动存在的问题、幼儿园教研活动开展的基本原则以及幼儿园教研活动设计类型,实践篇则呈现了32篇优质教研活动设计方案。

此书稿完成于2018年春,希望这本书能给从事幼儿教育工作的广大园长和教师们带来一份春天的芳香。再次感谢本书的撰写团队——江苏省南京市鼓楼幼儿园陈静副园长带领的鼓楼区社会教研组和江苏省南京市鼓楼区一中心幼儿园张露老师带领的鼓楼区健康教研组的老师们的通力合作!

朱清

2018年5月

目　录

理论篇　**幼儿园教研活动基本问题** /001

一、幼儿园教研活动存在的问题 /005

二、幼儿园教研活动开展的基本原则 /011

三、幼儿园教研活动设计类型 /015

实践篇　**幼儿园教研活动设计方案** /043

1. "多鼓励少表扬幼儿"教研方案 /045
2. "做一名会观察、爱观察的幼儿教师"教研方案 /051
3. "幼儿教师如何撰写教学活动实录"教研方案 /056
4. "经验分享促进新手教师成长"教研方案 /060
5. "幼儿教师团队合作"教研方案 /065
6. "如何有效开展班级家长工作"教研方案 /069
7. "幼儿教师情绪调节"教研方案 /073
8. "幼儿教师师德建设"教研方案 /077
9. "心中有孩子，行动有规范"教研方案 /081
10. "家园共同为特殊需要幼儿制订个别化教育计划"教研方案 /085
11. "基于园本资源特点的科学活动组织与实施"教研方案 /089

12. "幼儿园创意动态门厅展"教研方案 / 094
13. "就幼儿前阅读核心经验进行提问"教研方案 / 098
14. "依据健康关键经验,有效促进幼儿健康发展"教研方案 / 102
15. "相关测量核心概念的数学区域创设"教研方案 / 110
16. "幼儿园歌唱活动与区域游戏的融合"教研方案 / 115
17. "健康集体教学活动与区域活动有效结合"教研方案 / 119
18. "语言活动中绘本教学目标的制订"教研方案 / 125
19. "幼儿园班级阅读区的创设"教研方案 / 130
20. "依据关键经验,指导幼儿园健康活动开展"教研方案 / 135
21. "了解幼儿跑步动作发展特点,促进体育活动开展"教研方案 / 143
22. "幼儿园日常生活中安全教育的策略有效性"教研方案 / 150
23. "春游活动中有效渗透幼儿的安全自护教育"教研方案 / 156
24. "结合幼儿园特色课程开展亲子健康活动"教研方案 / 162
25. "户外主题式建构游戏"教研方案 / 171
26. "根据幼儿的已有经验,确定健康教育目标"教研方案 / 177
27. "幼儿园一日生活中绘本阅读的适宜性"教研方案 / 185
28. "棋类游戏的组织与实施"教研方案 / 190
29. "歌唱游戏化教学的歌曲调整、歌词提问策略"教研方案 / 196
30. "如何在幼儿园社会活动中运用图标"教研方案 / 202
31. "幼儿园社会教学基本环节的认识"教研方案 / 207
32. "幼儿园户外体能健康活动"教研方案 / 211

理论篇
幼儿园教研活动基本问题

理论篇 幼儿园教研活动基本问题

近10年来，笔者参加过不同形式的教研员培训班，也曾经策划和组织过省、市、区教师教研工作。此外，笔者还作为专家评估过一些不同层次的教师教研工作等。在对组织教研工作的领导者和参与教研的幼儿教师的访谈中，笔者发现大家通常持有两种看法：一种看法认为，幼儿教师的教研应该更加重视具体的知识和技能的传授，而不要灌输太多的理论和思想；另一种看法则认为，幼儿教师的教研应该更加重视教师思想和观念的转变，至于一些具体的教学知识和技能，可以让教师在实际工作中获得。

在教研方法上，大家也存在一些不同的认识。有些学者认为讲座形式能增强参与教研的教师的理性思考能力；有的则认为参与体验的形式更利于幼儿教师接受和理解。此外，学者和组织者对于教研效果的评价也大相径庭。笔者认为，这些问题反映了一种带有普遍性的认识差异，即教研主体到底是谁？这是一个非常重要的问题，直接关系到幼儿园教研工作的目标取向、基本模式以及评价标准。因此，我们有必要好好研究和借鉴国内外教师教研工作的成果与经验，提高幼儿园教研工作的效果。

1966年，联合国教科文组织与国际劳工组织联合发布了《关于教师地位之建议书》，这意味着国际上首次承认了教师职业的专业化，教育工作应该被看作一种专业。教育的专业性，要求教师必须不断地进行学习和研究，唯有如此，教师才能获得并维持自身的专业知识与专门技能，才能为学生提供公共服务。幼儿园教研工作，不再是某些人认为的可有可无的事情，而是一项具有科学性和系统化的工作。

世界各国的研究者广泛综合了脑科学理论、发展心理学理论以及课程与教学论等来设计教师的教研培训活动，推动教师的教研培训模式不断变革和创新。教师的教研培训模式的发展主要体现在以下几个方面：教研培训目标的人本化、教研培训内容的综合化、教研培训方式的多样化。

1. 教研培训目标的人本化

长期以来，教师教研培训的目标一般只关注教师的职业技能，忽视了教师也是一个不断成长、需要发展的个体，使教师的教研培训活动简化为制造"匠人"的活动，压抑了教师的创造性和积极性，教师在教研培训中只是被动的模仿者。近年来，随着对学习者主体性的认识和尊重，幼儿园教研工作的组织者也开始反思幼儿教师的主体性问题，认识到幼儿园的教研活动不仅要提升幼儿教师的教学能力，还要促进幼儿教师的全面、健康发展；强调幼儿教师从教研活动中获取的经验，不仅要促进幼儿园教学质量的提高，还要促进教师自身的发展。这种人本化的目标定位，引发了幼儿园教研活动内容和方式的变革，使制造"匠人"的活动变为培养"研究者"的活动，有效地激发了幼儿教师内在的学习动机和创造性，使幼儿教师在教研活动中成为主动的探索者和创造者。

2. 教研培训内容的综合化

在人本化目标的指导下，幼儿园教研活动的内容突破了以往只重理论指导或只重技能训练的片面性，开始关注幼儿教师基本教育观念的重塑和核心教学行为技能的提升。实践证明，幼儿园教研培训活动可以促使教师将新的课程理念内化为自己的教育观念，从而在实际教学中自觉地运用符合这种课程理念的教学技能，确保课程改革深入学校教育层面，最终实现促进教师与幼儿共同成长的目标。

3. 教研培训方式的多样化

为了鼓励幼儿教师进行探索和创造，幼儿园教研活动不再仅通过单一的、灌输式的讲授进行，而逐渐纳入了经验分享、案例教学、参与合作等多种突出操作性、体验性的方法，其中参与合作的方式备受西方研究者和教师推崇。建构主义学习理论强调，学习者总是在其自身已有经验的基础上来理解和建构新的知识或信息；学习者以自己的方式建构对事物的理解，不同的人看到的是事物的不同方面；通过参与合作，学习者可以了解不同的观点和认识角度，从而更加全面地理解事物。

一、幼儿园教研活动存在的问题

具体来说，幼儿园教研活动主要存在以下几个问题。

（一）对教研主体性认识不足

幼儿园教研活动必须正视现有教研中存在的问题，即对教研主体性认识不足，"零教研效果"现象屡见不鲜。概括而言，主要体现在以下几个方面。

1. 忽视教师已有的教育背景

长期以来，幼儿园教研活动存在一种错误的认识，即无视幼儿教师已有的教育观念、教育经验，将幼儿教师想象为"一张白纸"，认为只要将科学的教育观念传授给他们，自然就能够被他们认同并成为指导他们教育行为的"准绳"。然而，幼儿园教研活动的效果表明，如果幼儿教师没有去除自己头脑中错误的教育观念，那么与其已有观念不符的科学教育观念则很难进入他们内在的认知结构。

根据认知的内隐理论，真正指导个体认识和行为的是个体内在的认知结构。这一理论提示我们，在幼儿园教研活动中，我们必须重视幼儿教师已有的教育背景，帮助他们澄清、辨析已有的教育观念，这样才能使他们很好地吸纳教研活动所倡导的科学教育观念，并将其内化为自己的教育观念。

关于幼儿园教研主体的变化

组织教研者：从"出纳员"转变为"经济师"

出纳员的工作主要是收发钱币，登记罗列账目。经济师则不一样，不仅要收发钱币，还要会理财和做出决策。对应来说，原来教研活动的组织者主要是传递教育技巧，教授教育方法，可现在他们不仅要做这些，还要能引发问题，推动思考，决策教研方向，影响幼儿教师的思考方式，促进幼儿教师的全面发展。比如，为了帮助幼儿教师掌握教幼儿"盖顶"的技能，在教研活动中，教研活动的组织者要现场引导幼儿进行积木建构，包括与幼儿探讨建构的主题，通过提问了解幼儿的想法，当幼儿说可以围起来、架高时积极鼓励他们，进一步追问幼儿围起来、架高的方法并让幼儿亲自试一试，在此基础上告诉幼儿"盖顶"的含义和操作方法等。

参与教研者：从"消费者"转变为"经营者"

在市场经济中，经营者掌握着市场的营销权、价格定位权、商品流通的主动权，在买卖关系中处于主要地位。消费者只能根据实际经济水平，被动地选择自己需要的商品。对应来说，在原来的教研活动中，组织者根据幼儿园总体的发展、规划的需要来培训教师，教师只能像消费者那样被动地接受各种培训，无论自己是否需要、是否感兴趣都得参加。现在，幼儿园教研活动的具体内容、组织方式等由教师自己决定，让教师像经营者那样自主经营自己的专业发展。比如，在有关儿童游戏的教研活动中，有教师提出："我们自己都不会搭积木，怎么教孩子？"于是，教研场地变成了建构吧，教师们边喝茶边搭积木，研究各种积木不同层次的建构法。

教研的受益者：从"闲置物"转变为"受宠儿"

儿童是教育的主体，但在幼儿园教研活动中常常成为一件"闲置物"。组织者关注的是如何帮助教师更新教育观念、提高教育教学技能，而忽视了教研最终的受益者是儿童。在幼儿园教研活动中，儿童是我们的宠儿，我们的教研活动应始终围绕儿童进行。什么是儿童需要的？什么是适合儿童的？怎样帮助儿童实现他们的愿望？怎样给予儿童适时的帮助？比如，在有关儿童建构游戏的教研活动中，我们将观察儿童建构作为教研的一个重要组成部分，因为教师只有了解幼儿建构的特点，才能有效地指导幼儿，促进幼儿的发展。

2. 忽视教师的教研需求

对教研主体性认识不足，还表现在教研的需求缺乏针对性。现代培训理论认为，教研培训要想取得良好的效果，必须在教研培训之前，对参与者进行教研培训需求的调查，使教研具有针对性。但是，在现在的幼儿园教研活动中，忽视教师教研需求的现象随处可见。笔者曾受邀为一个骨干教师培训班授课，负责联系的老师对笔者说："朱老师，你可以讲讲区域活动，只要是和这个话题有关的内容都可以。"笔者有点不放心，在讲座开始前十分钟，询问了部分听课老师。下面是笔者和部分听课老师的对话：

> 笔者：你们在开展区角游戏方面有什么困惑和困难吗？
> 教师1：下午只有两个老师上班，人手紧，区域活动多了，没办法全部照顾。
> 教师2：有些游戏我自己都不会，只能看小朋友们玩，根本谈不上指导！
> 教师3：中班区域游戏指导应该怎样做才算到位？我把握不了。
> 教师4：自制的区域游戏材料很容易坏，有的孩子玩一会儿就没兴趣了，老师又没有时间经常更换区域游戏材料，怎么办？
> 教师5：领导让我们把区域游戏与主题结合起来，但是操作起来很难，没有现成的玩具和教具。
> 教师6：小朋友在幼儿园游戏玩多了，特别好动，到了小学他们能适应吗？会不会与小学的生活脱节？
> 教师7：区域游戏有没有明确的评价标准？现在没有评价标准，感觉很茫然。

与部分听课老师交流的结果令笔者感到惊讶：老师们有各种各样的需求，有的是关于区域管理问题的，有的是关于材料提供问题的，还有的是关于自身素养与指导关系问题的，这些与笔者准备分享的讲座内容"区域环境创设"的关联并不紧密。笔者知道按照原来的内容进行讲座，效果肯定不会好，于是临时更改了讲座内容。从这个事件不难看出：在教研活动中，忽视教师的实际需求，仅基于讲授者的能力和研究旨趣为教师呈现讲课内容，这种做法是不可取的。

1961年，美国学者霍尔（Houle）利用会谈等形式对22位成年人进行了调查，根据调查的结果，他把成人学习者的动机划分成三类：目标取向、活动取向和学习取向。

◆ 目标取向：把接受教育看成达到个人目标的一种手段；学习不局限于某一个固定的场所和机构，学习的方法也因地制宜、多种多样。当发现自己在某方面比较欠缺时，个体就通过学习课程、阅读书籍甚至旅行来满足自己的需要。这些人会阅读大量书籍，但并非毫无目的地涉猎，而是围绕一个课题、课程或者某一教育机构的特殊要求来安排个人的阅读内容。

◆ 活动取向：学习者参加学习，不在于学习的目的或内容，而在于在学习过程中寻求一种人和人之间的社会交往，建立一些人际关系，借此来调节个人的生活节奏。他们在决定参与什么样的学习团体时，主要考虑课程参与者都是些什么样的人、共有多少人。

◆ 学习取向：为获得知识而学习，学习本身就是目标，参加学习的理由就是为了接受教育。在学习取向的人看来，教育就是一种连续的活动。在一定程度上，学习已成为他们生活中一个有效的组成部分，他们本人以读书为乐。

霍尔的理论告诉我们，每个人的学习动机、参与教研的动机是不一样的，对观念的接受和理解程度也不尽相同。因此，分析参与者的动机需求，是提升幼儿园教研质量的关键。

3. 忽视对教师问题层次的研究

提高幼儿教师解决实际教学问题的能力，是幼儿园教研活动的重要目的之一；而实际教学问题往往是没有唯一正确答案的问题。因此，在幼儿园教研或者培训活动中，幼儿教师的学习不是解决结构良好问题的基础性学习，而是解决具体情境中结构不良问题的高层次学习。传统的幼儿园教研培训活动混淆了基础性学习与高层次学习的界限，将基础性学习的教学策略（比如，将整体分割为部分、着眼于普遍性原则、建立单一标准等）安排到高层次学习阶段的教学中，教师在教研活动中的学习是非情境化的，并不能真正提高教师解决实际教学问题的能力。高层次学习需要的是情境性教学，学习的内容应该是真实性的任务，这样学习者从探索具有复杂性、整体性和挑战性的任务中获取的经验，将有助于他们建构针对具体情境问题的解决方式。

4. 忽略教研观念与教研方式、教研内容的切合

当前的幼儿园教研培训活动在倡导先进、科学的教育观念的同时，往往采用了与这些观念不符甚至相悖的教研培训方式。比如，教研培训的目的是提倡鼓励幼儿积极参与的教育观念，但是针对教师的教研培训仍然采用灌输式的教学方式，没有为教师提供参与的机会。再如，教研的目的是提倡鼓励幼儿主动创造的教育观念，但对教研参与者仍然沿袭传统课堂中"教师讲、学生听""组织者讲、参与者听"的模式，教师在教研培训中只是模仿组织者提供的教学技巧，而没有自己的主动创造。这种观念与方式相互脱节的教研培训活动，非但不能有效地转变教师的教育观念，反而强化了教师错误的教育观念。

笔者认为，幼儿园教研活动内容的核心应是：促进教师良好教学行为的养成。教师的专业知识、教育观念、心理品质、工作动机、教学能力、心理健康状况等，都会对教学效果产生重要的作用，都会在教师的教学行为中体现出来。教学行为是教师素质、能力的外化形式，是教师成功地实践素质教育理论的关键。因此，能否促进教师良好教学行为的养成，提高教师教学行为的有效性，是决定幼儿园教研工作成败的重要因素。

教学行为的有效性，是指教师在教学活动中实现合理的、灵活的行为的能力。传统的教研培训活动的核心是改善教师的知识结构，这种改善主要是通过专家的讲授来传递学科新知识和教学法的新知识，教师获得了这些知识后被期望能有效地将其应用于具体的教学活动。但实际情况是，经过这种教研培训的教师回到自己的岗位后，过去是怎么教的，现在仍然怎么教，其行为的有效性并没有得到提升。比如，教师在教研培训中可能非常欣赏专家们所介绍的"自主学习"理论，但教研培训结束后，依然表现为"满堂灌"的

教学行为。教师教学行为的改善滞后于教育专家们所倡导的理论，已成为阻碍实施素质教育理论的突出问题。因此，幼儿教师的教研培训活动应抛弃旧的培训观，树立新的培训观，即教研培训效果取决于教师教学行为的有效性是否得以提高，而不是教师获得了多少知识[1]。

（二）对幼儿园教研目的认识不足

幼儿园教研活动的目的不是构建关于儿童发展和幼儿园教研的新理论，也不是发现新的教育教学规律。教研和科研不同，科研的目的多是在基础理论层面对事物的本质进行追究；教研，顾名思义是教学研究的意思，是针对某一具体教学行为、教学活动、教学事件和教学段落的研讨和分析，其目的不在于构建理论，不在于发现新的教学规律，而在于如何运用这些教学规律对当前的教学活动和教学事件进行分析、评估和探查，进而发现当前教学活动中存在的问题、可以采取的改正策略等。

幼儿园教研活动不是为了解决幼儿园教学领域普遍存在的本质性问题。当前，我国的幼儿园普遍采用案例教学或活动教学的方式组织教学，这种一定程度上的同质性为教研成果的推广提供了条件，但这并不能决定幼儿园教研的目的和取向。幼儿园教研活动应该立足于本园，立足于具体的教学事件和教学活动，这才是幼儿园教研活动的根基。

幼儿园教研活动不是为了获取教学活动之外的任何事物。幼儿园教研活动必须遵循的第一原则是教育性，教育性为幼儿园教研活动的开展提供了思想基础。幼儿园教研活动的开展不是为了表现教研管理人员或园长的高明，而在于创造一个民主、公平的研讨环境，让参与教研的主体都能畅所欲言。所以，幼儿园教研活动应该以理性的讨论为引导，在此基础上考虑教学活动的开展价值、开展流程、存在的问题及改进措施。

通过以上分析，幼儿园教研活动可以被定义为：幼儿园教研人员在向上

---

[1] 连榕. 教师培训的核心：教学行为有效性的增强[J]. 教育评论，2000（3）.

的价值取向指导下，为幼儿园的教学活动甄定方向，遵循幼儿教育规律，研讨教学活动中的具体问题，并结合幼儿园的教学实践，为幼儿园教学活动中存在的问题提供合理解决策略的活动。从根本上讲，幼儿园教研活动是实践性的，而不是理论性的，它来源于实践，也应运用于实践。这一特性为幼儿园教研活动划定了适用的范围，也为幼儿园教研活动的有效性提供了保障。

二、幼儿园教研活动开展的基本原则

幼儿园在开展教研活动时，必须遵循以下几个原则。

（一）教育性原则

教育性原则，是根据一定社会的教育目的和教育活动本身的规律提出来的，也是教育经验的总结和概括，它对教研活动起指导作用。通过参与教研活动，教师可以获得专业认知、专业行为和专业情感的多重提升。能否自觉地遵循和贯彻教育性原则，直接关系到教研工作的成败与质量的高低，从而影响教研目的的实现。

在幼儿园教研活动中，教研组织者与学习者建立平等的关系，创设宽松、真诚的学习氛围，对教师的学习尤为重要。培训者的作用在于引导和启发教师，挖掘教师在学习活动中的集体智慧，而不在于控制教研培训的结果。

（二）园本性原则

园本性原则，是指教研活动应立足于本园，依托幼儿园自身的资源与优势（如自然状况、幼儿教师、幼儿以及家长），解决幼儿园自身面临的问题，以便有效地促进幼儿园的发展。因为每所幼儿园的师资、幼儿来源、教学硬件、所处的社区文化背景都不同，所以每所幼儿园的保教工作所面临的问题也不一样。因此，每所幼儿园都要通过对本园师资水平现状和保教工作现状的分析判断，确定教研活动的重点。只有找出本园保教工作实践中亟待解决的问题和保教工作人员中亟须改善的教育行为,教研活动才不会偏离方向,才会更好地促进保教工作质量的提高。

因此,幼儿园教研活动要解决的是教研活动参与者的实际工作问题——这些问题是本园、本班、本人所面临的保教工作问题。

某幼儿园青年教师参与的有关幼儿园区角游戏的教研活动

1. 规则——自己定

在有关区角游戏的教研活动中,组织者牢记游戏的特点,让教师自己制定培训规则。教师为教研活动定下了三罚三奖的规则:迟到早退者要受罚;培训次数不够者要受罚;讨论时"开小会"者要受罚;积极发言者要奖励;有创意者要奖励;提供观摩现场者要奖励。

2. 次数——自己记

为了组织好教研活动,组织者尝试制作了一张"培训计次卡",要求参与教研的教师每次活动都带来,教研活动结束后,自己记录时间。培训到一定学时就可以换取相应的奖品。以往的教研活动往往是由组织者记录考勤,这种方式容易使教师们产生被监督的感觉,进而影响他们参与教研活动的主动性和积极性。现在由教师自己记录考勤,将"你来学习了"变为"我来学习了",使参与者从被动变为主动。

3. 奖品——自己购

教师在教研的过程中屡屡获奖,那么这些奖品从哪里来呢?幼儿园提供了经费支持,让教师自己在网上选购一等奖、二等奖、三等奖等不同级别的奖品。教师们都觉得十分有趣,参与培训的积极性得到了提高。

4. 进程——自己行

在教研活动中,组织者采用"让教师先来玩一把"的方法。比如,在有关积木建构的教研活动中,组织者让教师们带上本班的积木搭一搭、玩一玩。教师们一一分析、了解各自在建构中运用到的建构技能,并把本班幼儿的建构现状与其建构技能表现结合起来进行分析。这种"自编、自导、自演、自评"的方式使教师悄然成为教研活动的主人。

5. 奥秘——自己探

通过亲身实践、讨论，教师们共同总结出区角游戏开展的各种策略。比如，有关积木建构的教研活动，教师们共同制定了小、中、大班幼儿积木建构的技能要求以及指导规范（见下表）。

建构层次
- 随便搭（选任意形状的积木搭，无目的性）。
- 随意垒高→推动（没有选择形状，常伴有"老师，他把我的积木推倒了"的语言，积木被推倒后，双方都很高兴）。
- 找出相同形状的积木平面摆放或立体摆放，充当想象物体进行游戏。
- 简单的围合（此过程中，有小门出现）。
- 大面积围合，有意识地进行装饰（有目的地选取积木形状）。

基本技能（垒高、延长、铺平、围合、架空、盖顶）
- 小班的围合：从四块方形积木的围合到多块方形积木的围合，再到多块多形积木的围合（两层或三层的出现）。
- 中班的架空：上学期，延长更为复杂；出现辅助物（如易拉罐、薯片罐）；下学期，注重对称性。
- 大班的盖顶：上学期，出现辅助物（如木板）；下学期，注重细节（小饰物的装饰）以及学会看图（建筑物的平面图）拼搭物品。

基本材料
- 小班：桌面玩的小积木或轻巧的泡沫积木；可站立的动物玩具。
- 中班：方形为主的中型积木；易拉罐和花、树等标记。
- 大班：不超过六种形状的中型积木或大型积木。

匹配内容
- 小班：动物园、汽车场、公共汽车站。
- 中班：飞机场、火车站、城市广场。
- 大班：住宅小区、立交桥（综合性强）、公路、看图拼搭（名胜古迹）。

社会性发展（合作、空间站位的问题）
- 小班：拿一块用一块，用完放回筐。
- 中班：进区规则，脱鞋摆放，轻拿轻放，用一块拿一块。
- 大班：分工合作收拾，学会商量，搭完积木整理场地。

6. 提升——自己寻

教师在了解游戏开展规范要求的基础上，到现场去观察、指导儿童游戏。他们的观察力变得敏锐，他们所表现出来的教育机智逐步成熟。比如，在指导儿童进行积木建构游戏时，教师首先与幼儿探讨建构的主题，接着提问幼儿的想法，当幼儿说可以围起来、架高时积极鼓励，之后再进一步追问围合、架高的方法并让幼儿亲自来试一试，讨论其合理性。这样的建构活动完全以儿童为中心，使儿童建构的兴趣大增，建构技能也得到了提高。由于教师先以游戏者的身份"玩了一把"，再以指导者的身份"现身说法"，因此对于何时激发幼儿的游戏兴趣、何时给予幼儿支持、给予幼儿支持的尺度是多少等，能够做到心中有数、有的放矢。这种换位体验、实践的方式让教师十分受益。

（三）人本性原则

人本性原则，是指幼儿园教研活动的组织者在设计教研活动时，无论是教研问题的选择、教研活动过程的设计，还是教研成果的推广运用，都要充分调动相关保教人员的积极性、能动性和创造性，"以人为本"，努力让教研活动以符合参与人员需要的方式展开，让每次教研活动都变成参与人员的一种内在需要，让每位参与者的需要都得到足够的关照，让他们从被动的"你让我研究，我就研究"的状态转变为主动的"我要研究"的状态。

传统教研与园本教研的比较一览表[1]

	传统教研	园本教研
取向	行政取向	专业取向
路径	自上而下、重理论	自下而上、重实践
关注问题	个别问题	共性问题

---

[1] 莫源秋，等. 幼儿园教研活动设计与实施 [M]. 北京：中国轻工业出版社，2014.

（续表）

	传统教研	园本教研
组织形式	单一的，依据同质性原则设置组织	多样的，以问题与问题解决为指向设置组织
评价指标	是否完成上级布置的教研任务	是否解决了实际问题，是否促进了教师行为的改善

从中不难发现，参与教研活动的主动性、主体需求是区别两种教研模式的关键。因此，在设计全园性或年龄组、学科领域组的教研活动时，组织者要经常问自己："教研活动所研究的问题是教师们面临的真实问题吗？教研活动所研究的内容是教师们真正需要的吗？多少教师希望对这一问题进行研究？有什么证据证明本园教师有这方面研究的需要？"

（四）参与性原则

幼儿园教研活动必须遵循"人人参与"的原则，包括教研活动前的参与——问题的收集；教研过程的参与——问题的讨论；教研活动后的参与——问题的解决与现状的调整。

为了提高教师参与教研活动的积极性，一定要让每位教师在相关问题研究中都有属于自己的一份任务——无论是制订研究计划、实施研究计划，还是展示、交流研究成果，都应该尽可能地让每位教师参与其中，让每位教师都发挥其应有的作用。如果某位教师在教研活动的各个环节都以"听众""旁观者"的身份出现，那么久而久之，他对幼儿园所举行的各种教研活动也会失去积极性。

三、幼儿园教研活动设计类型

结合目前的教研活动实践，笔者总结了两种教研活动设计类型：资源式和交互式。

(一)资源式

资源式教研活动设计具有框架宽泛的特点。适合人数较多,区级以上层面的教研活动,针对的是较长时间的培训任务,其设计包括教研目标、教研内容、教研对象、教研时间、教研方式以及考核内容等。根据教研主体和对象的不同可以分为区域内常态研训班的设计、区域内专项研训班的设计以及区域间"送教"研训班的设计。

1. 区域内常态研训班的设计

××区教师继续教育早期分级阅读推广组研训班教学计划

一、教研目标

基于上学期阅读推广组活动的基础,本学期进一步研究和探索各年龄班绘本阅读教学的方法,深入挖掘绘本教育的价值,引领3—6岁幼儿愉快地阅读优秀儿童读物,激励幼儿对绘本阅读的兴趣,并养成良好的阅读习惯,以陶冶情操,获得发展。

以研究组的成员为起点,带动更多幼儿园关注幼儿的绘本分级阅读,探索各种阅读指导方法,培养喜欢阅读、乐于奉献的优秀教师,让教师和幼儿都成为主动、愉快、积极的阅读者。

二、教研内容

1. 通过现场观摩研讨的形式,精选出适合小班、中班、大班的儿童读物,探索指导阅读教学的各种方法。

2. 在发挥早期阅读价值的基础上,引领3—6岁幼儿获得阅读优秀儿童读物的熏陶,激励幼儿对图书感兴趣,并养成良好的阅读习惯。

3. 尝试结合不同绘本,分析其发展价值,探索利用绘本阅读促进幼儿观察、想象、思维、语言表达等能力的发展,让幼儿受到良好的情感、情绪的熏陶。

4. 带动更多园所关注幼儿的优秀读物和绘本教学,积累阅读资料,丰富和完善园本课程。

三、教研对象

全区部分青年教师，共 45 人。

四、教研时间

5 个半天研训活动，共 20 学时。

五、考核内容

组员所开展的阅读推广活动教案、总结。

六、日程安排（第二学期）

教研日期	教研内容	主讲人	地点	学时
2017 年 3 月 12 日 下午 2:00	专家讲座	××教授	区教师进修学校	4 学时
2017 年 4 月 2 日 上午 8:30	小班绘本阅读活动观摩	××教研员	××幼儿园	4 学时
2017 年 4 月 23 日 上午 8:30	中班绘本阅读活动观摩	××园长	××幼儿园	4 学时
2017 年 5 月 14 日 上午 8:30	大班绘本阅读活动观摩	××园长	××幼儿园	4 学时
2017 年 6 月 18 日 下午 2:00	经验分享总结会	××园长	区教师进修学校	4 学时

2. 区域内专项研训班的设计

××区幼儿园中青年骨干教师暑期专项培训方案

在科学发展观的指导下，依据专业人才培养的标准和省市幼儿教师培训的总目标，在全面调研、认真总结多年来本区骨干教师专业培训经验的基础上，针对本区教师的发展特点和专业需求，现拟定暑期骨干教师专项培训方案，具体内如下。

一、指导思想

认真领会《江苏省教育厅关于"十二五"期间进一步加强中小学教师

和校长培训工作的意见》以及《南京市"十二五"中小学教师和校长继续教育工作规划》的精神，努力贯彻本区"十二五"教师培训规划并结合本区"十二五"学科建设计划，在调研分析10—20年骨干教师成长优势和劣势的基础上，根据中青年骨干教师成长规律和发展的需要，通过规定时间的学习研修，使骨干教师在职业道德素养、专业理论、教育教学和教科研能力等方面都有显著的提高，努力打造一支素质优良、师德高尚、专业技能过硬、具有开拓创新能力的骨干教师队伍，以提高我区教师队伍的整体素质，推进我区教育事业健康均衡、和谐稳步地发展。

二、教研目标

1. 通过研训，帮助骨干教师进一步深入理解《幼儿园教育指导纲要（试行）》的精神，汲取各领域教学研究的经验与教学技能，围绕有效教学，提高教师的课堂教学能力与水平，使教师成为教学的带头人。

2. 通过研训，激发骨干教师参与教育教学研究的热情，帮助教师掌握教育科研的方法，鼓励教师在实践研究中养成善于观察、勤于思考、乐于研究的习惯，提升教育科研的能力，使自己成为科研的引领者。

3. 通过研训，帮助骨干教师树立自主发展、终身学习的理念，并通过研究与实践形成自身的教学特色。掌握园本研修的原则与途径，不断提高引领园本研修的能力，使自己成为文化的传播者、团队的领跑人。

三、教研对象

在本区工作10—20年的中青年骨干教师，50人左右。

四、教研特色

本次专项培训有别于日常的研培活动，具有以下特点：

1. 问题先行：培训组织者前期进行基础调研，了解到本区中青年骨干教师在领域教学深度研究、课题研究、游戏组织与指导以及家园沟通中存在较多问题和困惑，缺乏对儿童的深入了解，缺乏对儿童学习方式的深刻认识，教师解读儿童的能力急需提高。

2. 内容适宜：培训组织者依照培训工作是引领教师学习和发展的要求，

改变以往教研活动的粗放、随意、零散，基于骨干教师综合素质的提升，培训的内容注重课程化，渗透培训学习活动精细化、专业化、系统化的要素。

3. 形式多样：培训组织者依据"兴趣驱动"的原理，从骨干教师的人本需求出发，改变以往单一的讲座和课堂观摩的形式。在第一阶段，培训将采取专家报告、专题讲座、教学沙龙、问题研讨、案例分析、观摩研讨、互动沙龙相结合的方式，以提高培训的针对性、实效性。在第二阶段，培训将采取案例式、参与式、情景式等多种方式，参观本区名园，观摩本区名师、学科带头人的示范课，参加教学实践活动及互练互评。

4. 资源经济：培训组织者将充分利用区内优质的师资资源，根据课程内容的设置、学员的培训需求等，安排由高校专家、省特级教师、市区学科带头人、优秀青年教师组成的专家、教师团队，进行面对面授课，交流互动。

5. 效益优化：整个培训阶段自培自练和跟踪指导相结合，自培自练是指受训者独立进行自学，将所学理论进行实践，不断反思，完成培训作业。跟踪指导是指办班学习结束后，安排受训者（在职）进行教学实践活动并跟踪指导和培训，与受训者所在幼儿园联合组织受训教师在园内开展汇报交流活动，并承诺保证以后参与区内重要的培训、教研活动的优先权。

五、教研课程

坚持以人的发展为本，本着一切从实际出发的原则，基于问题研究，在"精要、好懂、实用、超前"八字方针的引导下，做到内容具有前瞻性、综合性、实践性等，提高骨干教师的理论学习和实际操作能力。

1. 课程模块要领：弘扬良好师德，推进道德建设，研究教育实践，夯实学科基础，基于问题思考，改善教学行为。

2. 课程模块说明：

（1）职业道德与教育理论：介绍现阶段国家出台的幼儿园政策法规；分析经典理论以及现阶段幼儿教育应如何继承与发展，从而提升骨干教师的职业道德修养，立足岗位，奉献爱心，锤炼恒心，努力成为智慧型的教师。介绍国外幼儿教育的最新动态；介绍发展心理学与儿童学习的最新研究成果等，帮助教师了解最新教育理论与教育动态，更新专业知识结构，提升专业素养。

（2）学科知识与教学实践：了解基础教育课程改革的最新成果与经验；从幼儿园各领域教育教学入手，深度研究各领域核心的教育观念及教育教学策略；教师通过对自身已有的教育教学经验进行反思和重构，实现观念到行为的转变。

（3）教育教学研究与园本教研：针对中青年骨干教师的现状与成长的需要，通过教研案例的介绍，帮助教师了解如何与同伴互助互研，从名师介绍的教研经验中获取新的教育技能，从观察儿童、解读儿童入手，介绍观察、分析儿童行为的方法及为幼儿建立个人成长档案的价值与做法。

（4）教育科研与现代教育技术：立足园本与班本，选择研究课题，确定开展行动研究的步骤与要领，以及规范的科研论文的撰写。从实用、可操作的内容出发，介绍叙事研究的特点与操作方法；围绕现代教育手段的选择与运用，介绍现代教育技术与幼儿园各领域课程整合的价值与策略。

（5）班级管理与家园沟通技能：中青年骨干教师基本上是管理层的中坚力量，起着中流砥柱的作用，针对这一特殊性，从实际问题、可操作的角度出发，介绍基于效能的班级管理、基于儿童的家园沟通的合理策略和方法。

六、教研阶段

本次专项研训课程分为三个阶段：第一阶段，集中研训，利用5天时间完成。第二阶段，开展教学研究实践活动，集中8天时间完成。第三阶段，进行经验交流、论文答辩和学业考核等，集中1天时间完成。

第一阶段：集中研训

共5个研训日，按每研训日8学时计算，总计40学时，集中学习职业道德与教育理论、学科知识与教学实践等。研训内容日程表如下：

日程		研训内容	研训形式	主讲教师
7月×日	上午	开班典礼	领导讲话 专家报告	教育局领导、外请专家
	下午	中美教师专业成长的比较	专家报告	省级教科研院所专家

（续表）

日程		研训内容	研训形式	主讲教师
7月×日	上午	课程意识与教学意识	专题讲座	特级教师
	下午	观察儿童，解读儿童	专题研讨	特级教师
7月×日	上午	儿童生活与环境创设	互动研讨	特级教师
	下午	微格教学（多学科）	课堂模拟	市学科带头人
7月×日	上午	微格教学（家园沟通）	情境模拟	市学科带头人
	下午	以课例为载体的幼儿园教研活动	专家讲座	教研员
7月×日	上午	儿童区域游戏的组织与指导	专家讲座	教研员
	下午	现代教育技术与幼儿园课程的整合	专家讲座	教研员

注：以上少数专家的讲座会根据具体情况临时调整。

第二阶段：本区考察、观摩、听课

学员经过集中培训后复习消化研训的学习内容，并完成相应的作业，开学后安排骨干教师到××区知名幼儿园实践学习6天，按每研训日8学时计算，共48学时。研训内容日程表如下：

日程	内容安排	活动形式	主讲或主持人	地点
9月上旬	市优秀青年教师教学展示	观摩互动 听课评课	市学科带头人	××幼儿园
9月下旬	班级管理成果展示 主题沙龙《管理中的困惑大家谈》	观摩互动 教学沙龙	市学科带头人	××幼儿园
10月上旬	教研现场展示	观摩互动 教研沙龙	市名师	教师进修学校
10月下旬	学员教研成果展示 主题沙龙《教研中的困惑大家谈》	观摩互动 教研沙龙	市名师	××幼儿园
11月上旬	个人课题现场展示 讲座《科研课题的设计与研究方法》	观摩互动 案例剖析	市教科所主任	教师进修学校
11月下旬	学员课题成果展示 个人课题诊断会	观摩互动 案例剖析	市教科所主任	××幼儿园

（续表）

日程	内容安排	活动形式	主讲或主持人	地点
12月上旬	区域游戏现场展示	观摩互动 情景体验	市优秀教研员	××幼儿园
12月下旬	学员游戏成果展示 区域材料现场制作	观摩互动 情景体验	市优秀教研员	××幼儿园

第三阶段：总结交流、考评和考察相结合

这一阶段进行经验交流、论文答辩和学业考核，用时一天，研训内容日程表如下：

日程	内容安排	活动形式	地点
2018年1月	经验交流、论文答辩等	互动研讨	教师进修学校

七、考核评估

1. 参与学员需修满规定学时，认真参加三个阶段的不同形式的学习与研修，在规定的时间内完成作业，即视为研训合格。

2. 参与学员在集中研训和分散研修期间必须完成以下作业：

（1）阅读一本专著，撰写一篇学习心得（1500字左右）。

（2）完成不同领域的教学活动设计及实施后的反思。

（3）为一名幼儿建一份成长记录档案。

（4）撰写一篇培训学习心得随笔（不少于1500字）。

（5）撰写一篇家园沟通案例。

（6）提供班级管理"金点子"一例。

完成以上内容者颁发《××区幼儿园骨干教师培训合格证书》。

八、组织管理

报名管理：面对本区的骨干教师办班，通过信息网站向全区宣传后，采取自愿与选拔相结合的形式，确立受训学员名单。

事务管理：区进修学校幼教教研员负责日常管理与安排授课等任务（班

主任：××），做好暑期研训与教学实践的学员考核与考勤工作，确保高质量完成研训。

学员行为管理：建立严格的考勤制度，建立学员作业档案和学员结业成绩考核制度。要做好以下工作：

（1）建立研训班班级管理网络（民主评选班干部，组织协调学员的日常活动）。

（2）建立研训班学员档案（提供学员登记表，建立学员通讯录）。

（3）建立研训班学员研训考勤制度（编印学员考勤花名册）。

（4）确立研训班学员考评内容与项目（评选优秀学员，给考评合格的学员颁发证书）。

（5）建立反馈机制（按考评方法与标准，及时向各单位反馈培训表现和成绩单）。

九、推荐书目

（略）

3. 区域间"送教"研训班的设计

××年幼儿教师送教研训方案

为全面提高全市幼儿教师队伍的整体素质，促进城乡幼儿教育均衡发展，在与××区教师进修学校和教研室教师座谈、调研的基础上，立足农村教师的需求，充分利用我区的优质教培资源，发挥区域优势，协同城乡教师一起发展，特制订对××区幼儿教师送教方案。

一、研训目标与内容

1. 通过专题讲座、教学观摩、案例点评、交流互动等形式，厘清开展有效教学的核心要点，借助各领域的基本特点与组织形式的研讨、学习，帮助参培教师深入理解《幼儿园教育指导纲要（试行）》中各领域的特点与教学方法。

2. 充分发挥××区优秀教师的作用，整合区内优秀教师在各领域教学中的研究成果，借助优秀教师的教学活动进行反思与经验提升，在具体的教学情景中，通过现场观摩、专家点评，帮助教师形成有利于促进各领域有效教学的行为。

二、研训对象与地点

××区在职约641名专任幼儿教师（包括园长），分成3—4个研培班，着重在音乐、科学、语言与社会等领域开展培训活动。

活动地点：送教区教师进修学校、送教区实验幼儿园、送教区凤凰幼儿园、本区幼儿园等。

三、研训时间与学时

20××年5月—20××年1月，每个研培班培训6—8次，每位教师研训不少于24学时。利用暑假集中培训1—2天，各研培班单周二或双周四上午组织送教观摩。限于篇幅，此处只列举一个培训班的内容。

专题培训1：幼儿园语言与社会教育技能培训

时间安排：＿＿＿＿＿＿＿＿＿＿　　　　　　　负责人：＿＿＿＿＿＿＿＿＿＿

时间	培训内容	执教人	地点	人数
8月25日	幼儿园语言教学的特点与组织	市学科带头人、园长	送教区进校	200
8月25日	早期阅读教学与儿童的发展	市学科带头人、业务园长	送教区进校	200
8月26日	幼儿社会性发展与农村教育资源的开发和利用	省特级教师、园长	送教区进校	200
8月26日	幼儿园社会领域教育对幼儿发展的思考	市学科带头人、园长	送教区进校	200
9月	幼儿园语言领域教学活动观摩与研讨（1）	××（市优秀青年教师、×幼）××（市三幼）××（点评）	送教区××幼儿园	150
10月	幼儿园社会领域教学的特点与教学设计	××（市学科带头人、业务园长）	送教区××幼儿园	150

（续表）

时间	培训内容	执教人	地点	人数
10月	幼儿园社会领域教学观摩（1）	××（区学科带头人、园长） ××（市优秀青年教师） ×××（点评、特级教师）	送教区 ××幼儿园	150
11月	幼儿园社会领域教学观摩（2）	×××（区学科带头人） ××（区学科带头人） ××（点评、市学科带头人）	送教区 ××幼儿园	150
12月	幼儿园语言领域教学活动观摩与研讨（2）	××（市优秀青年教师） ××（区学科带头人） ××（点评、市学科带头人）	送教区 ××幼儿园	150
1月	幼儿园教学活动的设计、说课及评析	×××（特级教师）	送教区进校	200

（二）交互式

交互式教研活动设计具有精准、突出园本的特点。适合人数较少、规模不大的教研，针对本园教师在教育教学中产生的问题而开展的研训任务，其设计包括研训对象、研训课时、研训背景、研训目标、研训准备、研训过程以及研训展析等。笔者主要阐述研训目标、研训准备、研训过程以及研训展析的要求与做法。

1. 研训目标

幼儿园的教研活动不是让教师去研究理论，而是倡导教师以自身的教育实践为研究的核心内容，以案例、教学事件或某一教学行为为主要研究方式，教师通过对自身教育实践的研究，开发出适合本园特点和资源优势的、高质量的教学案例，提升符合《幼儿园教育指导纲要（试行）》《3—6岁儿童学习与发展指南》精神的教育教学策略，不断实现具体教育教学的行为与《幼儿园教育指导纲要（试行）》《3—6岁儿童学习与发展指南》的对接，真正实现理论与实践有机结合。因此，交互式教研活动的目标设计具体、有操作性，即园长常说的"设计点小、影响面大"，从而提高教师的教育活动设计能力和教育实践的驾驭能力，有针对性地解决教师在教育教学中产生的困惑和问题，促进教师的专业成长。

研训目标的撰写是针对本次教研需要提出的，应包含学习认知、策略方法、情感与品质三个方面的陈述。这样能让教研组织者清晰落实，环环相扣，不偏离初衷。

2. 研训准备

教研准备看似轻松，可做好并不容易，许多组织者会忽略此环节，笔者在此特别提醒：要保障教研活动的质量，充分的准备必不可少。

（1）要明确教研对象的需要

现代教研培训理论启示我们：了解教师的教研需求，教研就能事半功倍。那么如何了解教师的教研需求？确定教研目标之初，组织者就要帮助教师确立学习目标，理解需要学习的内容，制订自己的学习计划，让教师从教研一开始就积极参与教研过程。为此要与学员进行教研活动前的充分交流，了解他们的实际需要，从而使教研目标更加明确和具体，具有针对性。

教研活动要围绕教师的需求展开，以"教师的需要"为中心，而不是以"组织者对资料的占有"为中心，应注重教师的实际需求和问题。组织者可以采用调查法、问题树（见下图）等方法，进一步明确教师的需求。

关于阅读角现状的调查

为了更好地做好本学期关于创设具有归属感的环境，结合本学期教研组长的培训工作，我们想以"阅读角"为切入点，思考如何创设具有归属感的环境，同时让教研组长以此为教研点，学习设计和思考相关的教研活动。请您真实填写关于阅读角创设中的问题，以便我们更真实地把握教研问题。谢谢！

1. 您的班级阅读角的设置情况是什么样的？
2. 您设置阅读角的主要目的是什么？您在阅读角开展了哪些活动？
3. 您提供了哪些材料来保证活动开展？

4. 您的环境创设是什么样的？（可附照片或图示）
5. 您对阅读角满意吗？
6. 您对阅读角有疑惑吗？

问题树

（2）设定研究的问题

这个环节考验的是教研组织者把需求转换为问题的能力，即问题转化能力。问题转化能力是指教研组织者将获得的核心问题作为切入点，纳入教研活动的研究范畴，在教研活动中加以利用的能力。问题转化能力体现教研组织者对问题的认识，实践教研活动的问题性和现场性的表现。此外，组织者在参与教研活动前，对所研究的问题一定要有所了解：这是哪一类问题，自己在教育实践中是否遇到过？是否能够分析、解释其中的一点？还有哪些疑虑？对这一切都要做到心中有数。

（3）寻求理论支持

不论是要研究的问题，还是在教育活动的设计、实施中遇到的问题，要先学会寻求理论支持。学习相关理论后，要尝试分析问题，并在实践中进行活动设计、实验——如果实验效果理想，就要及时总结成功的经验；如果实验效果不理想，也要找出问题所在，并及时地把问题记录下来，以便进一步寻找理论支持，再次进行实践。

（4）教研环境和空间选择

笔者曾参加过专为酒店负责人设计的有关"领袖之心"的课程。课程选择了蜿蜒曲折、错落有致的真实环境，让一位"盲人"与一位"哑巴"相互搀扶，共同体验人生之路。通过音乐营造氛围，或喜或悲的音乐使人置身于不同的情绪之中，时明时暗的灯光让人经历不同的人生场景。这种有活力、有魅力、有趣味的研训，为参与者提供了一次深入且意义深远的学习体验。

此案例告诉我们：适时考虑教研环境和空间，能收到较好的教研效益。选择与设计教研环境与空间，对于教研活动是十分重要的。教研组织者在教研活动前应做好以下几件事[1]：

- ✦ 应该尽可能在参与者到达之前考察一下现场，空间大小与人数的关系，如空间小，那就需要想办法换一个大一些的房间。
- ✦ 了解地点是否存在对活动的干扰因素，如可以站在一扇打开的窗户前，听一下周围有无噪音，培训者还要考虑，是不是每个人都能清楚地看见屏幕或黑板？房间内是否有房梁挡住了一些人的视线？坐在后面的人是否能够听到前面的人说话？培训开始之前，培训者可以在房间四处走一走，在各种不同的座位上坐一坐，体验那些坐在不同位置上的人将会有什么样的视野。如果培训者发现了非常严重的干扰因素，此时还来得及纠正。
- ✦ 了解研训场地是否提供了自己需要的设备，如："教室里是否有幻灯机、投影仪、放映机、录像机、电视？是否能够在墙上挂参考资料？是否只被允许使用一面墙或一个展板？是否需要随身携带必要的文具，

---

[1] 陈向明，编著. 在参与中学习与行动——参与式方法培训指南［M］. 北京：教育科学出版社，2003.

如大彩笔、大白纸、小白纸、剪刀、图钉、大头针、胶纸带、不干胶等？"

上面的工作看似琐碎，但是如果组织者事先有所准备，那么教研活动会进行得更加顺利，组织者的信心也会随之增强。研训环境的布置对参与者的学习也会产生重要的影响，周围环境中的视觉材料能够进入参与者的潜意识，直接影响组织者的自我形象。

另外，座位安排对于教研参与者的持续教研影响较大，教研组织者要格外注意。教研活动中常见的教师座位图形见下表，供大家在教研实践中参考。

教研活动中常见的教师座位图形

座位图形	可能的长处	可能的不足	可适应的学习
（秧田式）	• 可利用的空间大，坐的人数多。 • 面向同一方向，可以集中。	• 参与者彼此无目光交流。 • 参与者往往选择后排就座。 • 气氛过于严肃、正规。	• 听讲座的学习。
（圆圈式）	• 参与者能采取开放式的姿态。 • 大部分人能进行目光接触。 • 组织者与参与者是平等的。	• 没有地方摆放资料和书籍。 • 可能使胆小的人更加害怕。	• 成员熟悉程度较高的大组学习。
（围桌式）	• 大部分人能进行目光接触。 • 适合进行大会讨论。	• 不易分组。 • 一张桌子坐不了很多人。 • 临近的参与者可能形成小团体的讨论，会影响大会集中。	• 适于20人左右的大组学习。

（续表）

座位图形	可能的长处	可能的不足	可适应的学习
（八角式）	• 参与者被分成小组。 • 有利于讲座与小组讨论。 • 组织者很容易走动，利于互动。	• 要求空间足够大。 • 对参会人数有限制。	• 小组学习与大组学习相结合。

3. **研训过程**

（1）对于教研组织者

*适应角色转变，关注新型关系的建立。*作为一个组织者，要想促进教师在教研活动中有效地学习，就必须对自我的角色有明确的定位，认识到教研组织者不仅是传授者，更应该是领导者、帮助者、指导者、合作者。教研组织者所扮演的角色应该是上述角色的综合体，而不是其中的一个方面。教研组织者应成为教师群体中支持性的、有帮助的、友善的一员，融入教师的学习群体之中。在教研活动中，如何促进教师有效地学习，组织者应该更多地关注学员个体的需求、期望，而不是自己的能力。

为此，教研组织者应尊重学习者，公正地对待学习者的经验和知识储备，允许学习者在学习过程中自由地发表个人的观点和看法。教师的经验和丰富的阅历是教研活动中宝贵的教育资源，挖掘这一资源的有效手段就是，让教师以自己亲身经历的、触及心灵的典型事例来引起教师对自己职业生涯的反思，让教师在教研中能够分享独具启发意义的教育资源。

*设置有效的问题，进行有效的沟通。*教研组织者要不断向教师提出有一定挑战性的、高水平的问题，促使教师处于一种激活的状态，进行独立的思考和反思，从而促进有效的学习。教研活动要充分运用互动式的问题解决方法。互动式的问题解决方法就是组织者在教师的研训过程中，设置的问题应与教师的实际工作紧密相关，对这一问题的解决而获得的知识或经验有助于运用于教师的实际工作中，同时也有助于教师运用自己在实际工作中获得的经验积极地参与研训，促进他们在研训的过程中联系实际进行积极的思考，

调动学习的积极性。

另外，在教师的教研活动中，应该注重调动教师的参与热情，进行有效的双向沟通，激发他们学习的兴趣，使他们保持乐观的学习状态。乐观的学习状态的保持需要组织者在学习的过程中不断地加以强化和提示，运用巧妙的启发，使用积极的语言，使教师在不断的自我肯定中获得一种成就感，在提供建设性的反馈中主动地参与学习过程。教师拥有的学识基础和经验积累，客观上为教研活动中双方的对话、沟通创造了条件。

同时，在教研活动中，要强化教师自我评价的意识，帮助教师通过反馈他们在学习过程中达成目标的具体情况，促使教师对自己的学习进行评价，进而思考自己在学习过程中存在的问题，改进自己的学习。因此，在教师的教研活动中，我们不要给教师贴"是与否"的标签，尽量避免负面的评价，为教师的学习建立"是"的肯定模式，避免任何"否"的意识和想法对其学习活动的影响，从而使教师克服一切学习上的障碍，使他们有充分的机会感受到成功的喜悦。

强调个人反思，关注个人效能。 研训往往从教研组织者设计的各种活动进入，如果参与者对活动设计的意图不明确，只是经历活动，不对活动设计的意图与活动过程中的各种感受进行理性层面的提升，那么，交互式教研活动就没有实现预设的目标。交互式教研活动特别强调反思。反思不仅是学习的有效途径，更是学习者实现道德、情感与认知升华的重要方式。反思即由组织者提供模式及架构，并提供机会让教师们在彼此支持的氛围中去参与学习的过程。

教学效能感，是指教师对其组织和实施某一教学行为的能力的信念或信心。自我效能感的研究表明：个体内部的自我参照因素调节着知识与行为之间的关系，其中，人们所具有的判断能力以及这种判断如何影响其动机和行为是最为关键的因素。教师的教学效能感具有情境性和发展性的特点：情境性是指教师的效能感以具体的教学背景为前提，一个教师也许意识到自己在某一领域有很强的能力，对某一类幼儿充满信心，但同时对另一领域或另一类幼儿感到无能为力；发展性是指当教学任务及教学对象发生变化时，教师对影响效能感信念的因素重新进行评价而导致效能感发生变化。由于当前新的理念对教师日常教学行为的有效性提出了挑战，新的教学方法和教学技术的应用打破了已往教师与教学情境的平衡，从而导致教师教学效能感的下降，这是幼儿园教研活动急需解决的问题。教研组织者应根据教师获取成功的经验和具体的反馈，给予教师更多的鼓励和支持；应考虑采用合作学习的方式，提升教师的教学效能感。因此，教研需要增加讨论与交流的环节，增加有经验的教师点评与提升的环节。

（2）对于教研参与者

学会聆听。听清、听懂教研组织者的开场白，这里往往包含着很多重要的信息。再听其他教师的发言。听听大家的理解、认识与自己有何不同，说不定某位老师的一句话就能解开自己的疑惑，使自己产生"顿悟"。同时还要思考谁的观点更科学、更能解决自己遇到的问题，并问个为什么，要弄清这样做的理由、依据是什么。这样自己在以后的教育实践中才能灵活地处理所遇到的相关问题。"聆听"还有另外一层意思。倘若大家的讨论没有解决自己的问题，教师就要请教个别专家。"任何一位在某一方面或某一细节上有高见者都可以视为专家"。他们对问题的认识和理解都有独到之处。和专家交流能直接弄清问题的实质，找准问题的症结，进而对症下药。这种方式能更快地帮助教师提升把握教育本质的能力和对教育实践操作的能力。教师还能从专家的谈话中学习到认识问题、分析问题的角度和方式方法，从而不断提升自己的认识水平。

教师们要注意的是：执教教师是怎样摆脱旧的教育模式的影响，把研究的新成果与幼儿的兴趣和实际经验结合在一起，来促进他们的发展。特别要注意观察活动过程中幼儿的反应，看看这种设计哪些地方有利于促进幼儿的发展，还有哪些地方有待调整和改进。在此基础上自己不妨也设计一个活动，并付诸实践。在教学实践中不断反思、总结经验，只有这样，教师才能找到适合幼儿发展需要的教育方案；也只有这样，教师才能不断提升教育教学的设计能力和实践能力。

适时提问。教研活动中，如果同伴们的谈话没有解开自己的疑惑，那么就要适时地提出问题，并积极参与讨论。其实在平时的工作实践中，我们经常看到教师们在观摩、分析、研讨，甚至在闲聊中获得一个又一个金点子，得到一个又一个启示。幼儿园的教研活动便为教师提供了这样一个机会，引导教师们有目的、有计划地与同行商讨在教育实践中遇到的问题。在教研活动研讨会上，把自己的问题提出来，主动与老师们交谈，向大家请教，这种面对面的讨论辨析能够使问题越辩越明。也可以把个人的想法说出来，如果能得到大家的肯定，对自己也是很大的鼓舞，更重要的是使自己有价值的思想外化和明朗。这样参与研究的每个成员之间相互帮助、优势互补、形成合力，通过真诚地对话与交流，集体的互动，每个人都能从多角度、多层面看问题。

整理记录。对于经过反复实践依然解决不了的问题，要进行整理和记录，在参与教研活动时可与大家共同商讨、切磋。记录时，要仔细斟酌自己的言辞，对所提的问题是什么、疑惑在哪里要表述清楚，便于大家讨论。这样做同时也锻炼了自己的文字能力。幼儿园的教研活动是用集体的智慧来解决个人的困惑，教师们相互启发，相互促进，每个人的发言看似在帮助他人，其实也是对自身教育观念和行为的一次提高。在教研活动中，不同思想观点的碰撞，常常会产生新的思想火花，有时还会迸发出奇妙的灵感。这对教师拓展思路、转变观念很有帮助。所以教师一定要抓住这样的机会，积极、有效地参与其中。

4. 研训展析

评判一个教研活动，最有发言权的是参与教研的教师们，他们的言语、获得和收益能充分反映教研的效果。研训展析的主要内容是感悟或寄语、分析或评价，看似不是教研的主要环节，占用的时间短、比例小，但对分析教研活动的质量起着举足轻重的作用。研训展析可以分为参与者评价和组织者自我评价，其中参与者评价又包括言语评价和表格评价（见下表）。

青年教师们有关游戏活动的教研感悟

吴：游戏组活动气氛轻松，最有吸引力。我学会了从幼儿的实际出发研究幼儿，从观察幼儿到有目的地指导幼儿，组织积木建构游戏时不再畏惧，能做到心里有底。下学期希望研究的点更有目的性。

徐：游戏活动将书本化的内容转换为实践性、操作性很强的行为，为我们搭好了台阶。

童：在幼儿游戏时，教师能清楚地知道如何指导游戏、增加游戏内容、增添游戏材料。下学期能否让家长也参与区角游戏的研究，帮助我们制作材料，配合游戏的开展。

朱：在同行的帮助下，教师指导游戏的方式、方法得到了提高。教师对积木游戏的指导更加专业化，知道如何给幼儿搭"梯子"，让幼儿获得机会，进一步发现自己的能力。

赵：培训让我明确区角游戏的指导意义，提升了教学实施的有效性。

杨：这种培训既轻松，又学到了实际内容，让我明白了更为标准化、模式化的评价。

高：教师明确小、中、大班积木游戏指导的方法，可对托班幼儿进行积木游戏活动时，教师该如何指导还需探讨。

虢：教师能明确积木、棋类游戏在各年龄段的指导方法，但在其他游戏指导上仍存在困惑。

教研活动评价表

观摩时间：_____　　　　观摩地点：_____
观摩对象：_____　　　　观摩者：_____

评价内容	评价要点	评价等级
教研专题或目标	• 教研专题或目标能否围绕教研实际，体现教师的需求。 • 教研专题或目标能否遵循教研计划有序地开展。	满意　较满意　不满意 满意　较满意　不满意
教研准备	• 教研环境、空间是否准备周全，利于倾听与交流。 • 教研资源是否准备充分，利于阅读与思考。	满意　较满意　不满意 满意　较满意　不满意

（续表）

评价内容	评价要点	评价等级		
教研过程	• 教研组织者是否亲和、态度大方、举止自然。	满意	较满意	不满意
	• 教研组织者是否关注教研问题并及时梳理。	满意	较满意	不满意
	• 教研问题是否得到展开和深度研讨并有效解决。	满意	较满意	不满意
	• 教研形式与方法是否恰当适宜，利于教师互动。	满意	较满意	不满意
	• 教研整理与记录是否快速准确地展现，利于教师反思。	满意	较满意	不满意
教研延展	• 教研者有无给予充分的时间和条件,利于教师评价。	满意	较满意	不满意
教研建议				

（三）交互式教研类型

交互式教研活动设计可以分为罗列型和紧密型，请结合以下案例体会这两种类型的教研。

1. 罗列型

"健康共同体"教研方案

【研训时间】

2018年4月9日上午8:50—11:50

【研训地点】

幼儿园三楼艺术室

【研训主题】

注重幼儿在健康活动中的多感官体验，开展饮食营养教育。

【研训主持人】

×××

【研训参加人员】

本园健康研训组教师、区级健康共同体的教师、教研员以及南京师范大学专家。

【研训目的】

（1）以幼儿的问题、发展需要为立足点，在幼儿多感官体验的过程中，促进幼儿养成良好的饮食习惯。

（2）通过教研活动，探讨教师支持幼儿饮食习惯养成的策略是否有效，提升教师分析幼儿的能力。

（3）在健康共同体教研团队中，积极大胆地与专家、姐妹园的老师交流碰撞，进一步思考实践工作，促进教研团队专业能力的成长。

【研训背景】

在健康教育活动的研究中，我园一直关注幼儿健康行为养成的现状，努力发现幼儿健康行为发展过程中存在的问题。在实践和反思中，我们发现幼儿在饮食习惯的养成中存在困难，而饮食健康行为对儿童身体的发展具有极其重要的意义，幼儿园如何开展关于饮食习惯养成的健康教育活动，成为我们关注的重点。

《学前儿童健康教育》一书指出，"在饮食营养教育中应强调学前儿童的感受和体验，避免枯燥乏味的说教和毫无意义的强迫……"，对蔬菜多感官的体验，幼儿通过"看、摸、剥、闻"等方法充分感知、认识蔬菜的特点，同时，对蔬菜探究的好奇逐渐转化为对蔬菜的接纳，"学前儿童健康教育重视儿童在教育过程中的体验，态度的转变是儿童健康教育的关键"。

我们发现在日常生活中，幼儿对一些味道、颜色、口感较特别的食物普遍不喜欢。洋葱的气味刺鼻，大部分幼儿在平时的饮食中都不太喜欢，中班健康教育活动《神奇的洋葱》尝试让幼儿通过多感官体验，在探究的过程中，激发对洋葱的好奇，充分感知并了解洋葱气味的特点，以及洋葱的功效，从而转变对洋葱的态度，尝试逐步接纳有特殊气味的蔬菜。

区域游戏中的感知与体验，有助于幼儿经验的提升，对幼儿健康行为、良好生活习惯的养成也发挥了重要作用。幼儿在不同领域、不同玩法的区域游戏中，通过与同伴、材料、环境的互动，丰富和提升相关的生活经验。在健康教育活动中，教师通过师幼互动，及时捕捉、反馈和提升幼儿经验的能力有待进一步提高。

【研训准备】

（1）分析本园幼儿健康行为的发展需要，学习关于"健康领域关键经验"的资料，梳理本园健康活动的目标和相关策略。

（2）园内健康组教师进行研讨，邀请教研员来园指导，帮助梳理如何解决幼儿的健康行为问题，对教学策略进行反思和优化。

（3）教研活动中摄像、拍照、记录的人员安排略。

【研训过程】

1. 简述内容与安排

主持人：各位专家、老师、同学们，欢迎大家的到来。今天我们先在二楼中一班观摩一节中班健康活动《神奇的洋葱》，然后在二楼中三班教室观摩春天主题《蔬菜朋友》的区域游戏。观摩完之后，回到三楼艺术室进行研讨，今天研讨的主题是"注重幼儿在健康活动中的多感官体验，开展饮食营养教育"。请大家提出更好的建议！

2. 观摩现场并实录

主持人：通过观摩今天的活动，围绕核心话题"教师支架幼儿的多感官体验，促进饮食习惯养成的策略是否有效"，您有什么意见和建议？

时间、环节安排见下表。

时间	内容	空间转换
8:50—9:00	主持人介绍本次教研活动的安排	三楼艺术室
9:00—9:30	中班健康活动《神奇的洋葱》	二楼中一班
9:30—10:00	中班区域游戏（生活区观摩）	二楼中三班
10:00—10:10	中场休息	三楼艺术室
10:10—10:30	执教老师说课	三楼艺术室
10:30—11:00	围绕核心话题进行小组研讨	三楼艺术室
11:00—11:30	大组交流	三楼艺术室
11:30—11:50	专家点评与指导	三楼艺术室

教学活动方案和区域活动安排（略）。

3. 反思活动并评析

主持人：感谢姐妹园的老师给我们提出宝贵的建议。在健康活动中，如何更好地把握关键经验，运用有效的策略，促进幼儿健康行为的养成，我们还需要专家为我们的研究进行指导，请专家为我们提出宝贵的建议。

主要流程：

（1）执教老师反思自己的活动。

（2）健康共同体的团队分组研讨，分享交流观摩的想法。

（3）请姐妹园的老师提出宝贵意见。

（4）教研记录整理（略）。

（江苏省南京市南京师范大学幼儿园　范培）

2. 紧密型

"幼儿园班级区域游戏场地的划分与布置"教研方案

【研训地点】

幼儿园会议室

【研训课时】

2.5小时（4课时）

【研训对象】

教龄5年之内的青年教师

【研训人数】

18—26人为宜

【研训背景】

《江苏省学前教育条例》提出："幼儿园组织活动应当以游戏为基本形式，注重活动的生活性、趣味性和多样性。"其传递的理念就是尊重儿童、科学施教。也就是倡导幼儿园课程要生活化、游戏化，使儿童乐在其中，主动积极、有计划地自发参与，一切以儿童为主体。参照这样的理念，在游戏化的幼儿园课程实施过程中，教师需要对班级的区域游戏做整体的布置与思考，针对不同年龄段儿童的特点，为儿童自主游戏的开展提供较为成熟的场地规划。工作5年之内的青年教师由于经验、深入了解儿童的能力和游戏创新能力的欠缺，需要一套班级区域游戏场地划分的模板，从而避免重复操作，提高实践操作能力，在熟悉基本游戏区域的过程中达到举一反三的目的，在实际操作中满足青年教师的潜在需求，让区域游戏做到日常化、精细化并且具有班本文化的特色。

【研训目标】

（1）通过研训内容的深化和衍生，了解区域游戏划分的基本框架，尝试根据班级儿童的年龄与发展特点，在区域游戏场地布置中凸显班本文化的特色。

（2）通过实景搭建、小组讨论、图纸展示等研训方式，发展教师的想象力、动手能力和团队合作能力。

【研训准备】

（1）主持人教具：制作好的演示文稿、2开大小区域游戏平面彩图一张、《环境与游戏》书籍。

（2）教师用具：每组一份2开大小的浅色空白纸、一盒水彩笔。

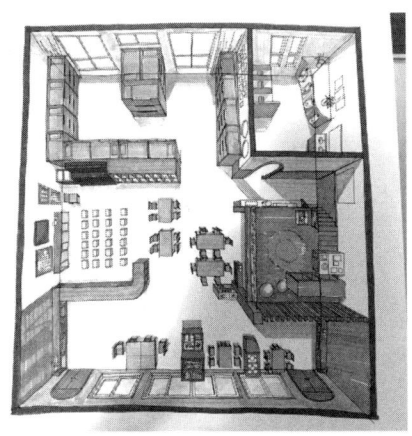

【研训空间】

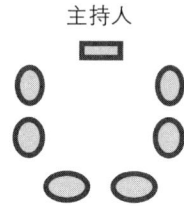

【研训过程】

环节一：展示书籍《环境与游戏》，了解活动内容

1. 参与教师自由落座，主持人展示书籍，大家自由翻看，直观了解本次活动的内容。

2. 教师简短介绍自己所在班级的情况，按照自己所在年龄班级进行分组。

环节二：采用交互式问答方法，共同讨论核心话题

1. 主持人和教师自由交流，了解现有班级区域游戏的情况。

（1）主持人：谁愿意说说你现在的班级有几个区域？哪些是在室内的？哪些是在室外的？

（2）主持人倾听教师的回答，出示演示文稿，了解班级的六个基本区域。

2. 通过现场答疑，进一步讨论区域游戏场地划分的原则。

（1）六组教师分为A队和B队，重新落座，采用交互式问答方法进行讨论。A队教师提出自己对区域游戏场地划分的问题，B队教师回答。

（2）主持人担当评审，点评答案，总结区域游戏场地划分和布置中的实践操作问题。

环节三：采用"团队合作画图"的方式，梳理区域游戏场地划分原则

1. 主持人出示空白图纸，全体教师根据自己所在年龄班级尝试进行区域游戏场地划分，并推选发言人一名，说出理由。（教师按照自己所在年龄班级重新分组落座）

2. 教师进行小组合作，绘制区域游戏场地划分平面图。

3. 按照小、中、大三个年龄段进行团队展示和发言，教师倾听发言人介绍，注意对比相同年龄段班级的不同划分方法，讲师进行点评。

环节四：展示演示文稿的内容，引发教师思考

1. 出示班级区域游戏场地划分和布置的前后调整对比照片，引发教师思考区域游戏中场地划分"以儿童为中心"的划分和布置原则。

2. 各个小组进行讨论，调整刚才制作的区域游戏划分图纸，撰写理由。

【研训拓展】

1. 研训成员建立QQ群，上传调整后的区域游戏场地划分和布置资料，交流区域游戏活动心得。

2. 建议教师在区域游戏场地划分和创设的过程中，利用园所优势，尝试同一年龄段儿童自由结伴、交流合作、创立游戏社区。

【研训分析】

本次活动让青年教师通过实景搭建、小组讨论、图纸展示等研训方式，深入了解儿童游戏的本质是儿童精神的体现。青年教师在活动中通过梳理以往区域游戏场地划分内容，选取代表性样本，对区域游戏场地划分的适宜性进行了探究。大家纷纷思考区域游戏场地划分是否合理？环境创设与材料提供是否适宜？区域标记物的价值在哪里？引发教师梳理儿童游戏的思考路径——包括前期准备、全程观察、游戏追随、适时介入、合理帮助、观察记录、分析反思、再次支持。教师利用多种手段真实记录儿童的游戏表现，做出有价值的分析与判断，形成区域游戏中儿童自主学习的良性循环过程。在划分区域场地的同时，注重班本游戏的框架搭建，根据班级儿童的年龄与发展特点，区域游戏场地划分形成规律性，布局合理，在区域自主游戏的框架搭建中能够凸显班本文化的特色，并体现不同教育背景下的游戏创新。

区域游戏场地的合理布置是为了让儿童自由活动、主动学习、减少儿童的等待，是以儿童本位论为主体的一种活动方式。由于儿童的差异性、园所场地的固定性，为了达到上述儿童发展的目的，大家对活动区域布置进行了"一区两点"的尝试，例如，在科学区域中，有一期的主题为"我们发现的种子"，需要儿童在户外开展种植观察及记录活动，而与此主题相关的"称一称"种子的重量则需要儿童在室内安静的环境中进行称量和记录,在这样的情况下,科学区就分为室内和室外两地,种植区是开放的,记录是私密性的,极大地给予了幼儿自由。

【研训资料】

➢ 区域游戏

区域游戏是园本课程中不可分割的一部分,它的内容目标来源于教学活动和儿童自身的兴趣点,通过教师的提炼、挖掘,成为儿童自由选择活动、相互评价、自我总结的一种个体学习过程。在区域游戏的探索中,我们发现小型的、隐秘的区域设置环境可以让儿童独立完成活动,从而达成活动目标。

区域游戏场地的划分与布置是儿童游戏的载体,决定了儿童游戏的形式和参与度,从侧面反映出教师的儿童观和隐性指导的策略,能帮助教师厘清游戏与儿童学习的关系,扩展游戏的视角。重视教育活动与游戏并存、互动、渗透、依托,从而使儿童在幼儿园的一日活动实现真正意义上的游戏化。

➢ 游戏是儿童的工作,游戏是儿童的生命

在幼儿园一日活动中,游戏应该承担怎样的角色与责任呢?陈鹤琴先生用两句话来阐述:"在这里,游戏是儿童的工作!在这里,游戏是儿童的生命!"[1]

➢ 幼儿园教育活动的实质

德国存在主义哲学家雅斯贝尔斯在《什么是教育》一书中指出:"教育决不能按人为控制的计划加以实行。教育计划的范围是很狭窄的,如果超过了这些界限,那接踵而来的或是训练,或是杂乱无章的知识堆积,而这恰好与人受教育的初衷背道而驰。"幼儿园教育活动更应如此,活动的过程是师幼在共同的生活中建构的过程。

(江苏省南京市南京师范大学幼儿园 李炜)

---

[1] 陈秀云,陈一飞,主编. 陈鹤琴文集[M]. 南京:江苏教育出版社,2007.

实践篇
幼儿园教研活动设计方案

实践篇　幼儿园教研活动设计方案

1. "多鼓励少表扬幼儿"教研方案

【研训背景】

越来越多的幼儿教师意识到良好的师幼关系对于幼儿发展的促进作用，学会运用激励和评价来激发和保护幼儿的积极性、自信心是教师的专业能力之一。有一种观点认为"好孩子是夸出来的"，持这种观点的教师习惯于运用赞扬与幼儿互动，"你真棒""你真聪明""你是老师最喜欢的孩子"等话语成为她们的口头禅，她们认为这样做可以帮助幼儿建立自信，同时也有利于班级管理。然而，有研究表明，当成人频繁地运用赞扬时，幼儿会过于依赖成人来判断对错，同时会使幼儿害怕尝试新事物，因为幼儿可能会担心自己因失败而得不到赞扬。因此，美国高宽课程[1]提倡教师多运用鼓励而不是赞扬，通过鼓励幼儿，认可他们的努力和成绩，促进幼儿主动积极地发展。

【研训对象】

骨干教师（24—30人为宜）

【研训课时】

2.5小时（4课时）

【研训目标】

（1）通过聚焦和延展研训内容，学习运用鼓励的方式与幼儿进行有效的沟通。

（2）通过自由建组、小组讨论、制作海报等研训方式，发展教师的沟通

---

[1] 参见 Ann S. Epstein. 学前教育中的主动学习精要——认识高宽课程模式［M］. 霍力岩，等，译. 北京：教育科学出版社，2012：55-56.

能力和合作能力。

【研训准备】

（1）主持人教具：电脑和投影设备、制作好的演示文稿、奖励贴纸、巧克力糖。

（2）教师用具：每人一张A4记录纸；每组一本黄色N次贴、一张海报纸、一盒水彩笔。

【研训空间】

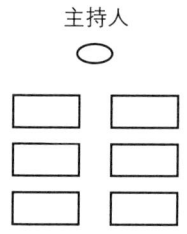

【研训过程】

环节一：展示象征不同类型教师的动物形象

1. 参与教师自由落座，选择学习组和学习伙伴。

主持人：欢迎老师们参加活动，请自由选择小组坐下（每组人数控制在4—5人），推选一名组长和一名副组长。

2. 播放PPT第1页，介绍象征三种不同类型教师的动物形象。

主持人：在座的各位老师都有多年的教学和班级管理经验。这里有三张动物图片——鲨鱼、乌龟、猫头鹰，分别代表高控型教师、放任型教师和支持型教师。你认为自己是哪种类型的教师呢？

环节二：采用"头脑风暴法"，分析不同类型教师的利弊

1. 播放PPT第2页，提出讨论话题。

主持人：请老师们拿出一张A4纸，用折或者画线的方式将纸分成三部分，独立思考，写出以上三种类型教师的利和弊，写得越多越好。

2. 小组分享交流。

主持人：请组长组织组员交流，指定一人用海报的方式呈现大家的观点。

主持人巡回了解交流情况，跟 1/3 数量的教师互动（发奖励贴纸或巧克力糖）。

3. 各组展示海报，请小组代表发言。

环节三：介绍心理学拼图实验，引发教师对核心话题的思考

1. 播放 PPT 第 3 页，介绍讨论的核心话题。

主持人："表扬"和"鼓励"都是师幼互动的方式，接下来的活动我们将围绕这两个关键词展开。

2. 发放黄色 N 次贴，请教师写一句经常表扬孩子的话。

主持人：请各位从桌上拿一张黄色 N 次贴，回忆自己经常表扬幼儿的一句话，并把它写下来。

3. 播放 PPT 第 4 页，引导教师回忆自己的经历。

主持人：我们每个人都有受到表扬和物质奖励的经历。在第二个环节，我给部分老师发了奖品，请拿到奖励贴纸和巧克力糖的老师谈谈感受。还有 2/3 的老师没有获得奖励，看到别人拿到奖品而自己没有拿到奖品是什么感受？

4. 介绍心理学家卡罗尔·德韦克的拼图实验，了解表扬和鼓励对幼儿的不同影响。

5. 播放 PPT 第 5 页，小结表扬和物质奖励的副作用。

环节四：实践练习，学习运用鼓励式的语言与幼儿互动

1. 播放 PPT 第 6 页、第 7 页，了解表扬和鼓励的区别。

主持人：鼓励关注的是过程和态度，表扬关注的是结果和成效。在师幼互动中，我们要关注幼儿的行为和他们学到了什么，而不是幼儿是否让成人满意。

2. 播放 PPT 第 8 页，引导教师用鼓励式的语言来激励幼儿。

主持人：谁愿意来读一读在上一个环节写下的表扬幼儿的话？假如把这句话改为鼓励式的表达，可以怎么说？

> 原句：你的故事讲得真棒！
>
> 改后：你在讲故事的时候，声音响亮，还会用不同的语气模仿小动物说话，大家都被你吸引了。

3. 开火车游戏，练习鼓励性的师幼互动方式。

主持人：接下来我们以开火车的形式，把自己改写后的一句鼓励幼儿的话说给大家听。请大家多描述过程少评价，多关注态度少关注结果。

环节五：经验拓展，了解鼓励性的互动方式

1. 播放PPT第9页，介绍三种鼓励性的互动方式。

主持人：除了语言以外，还有哪些策略可以鼓励幼儿呢？

2. 以案例的形式介绍鼓励性的互动方式如何操作。

主持人：以平等的身份参与幼儿的游戏是鼓励幼儿的一种有效策略。下面我来介绍一个自己亲身经历的案例，分享我和照片中的男孩在游戏中共同学习的故事。（在分享案例的过程中播放PPT第10页、第11页、第12页的内容）

3. 播放PPT第13页，小结。

主持人：今天的学习到此结束，希望老师们能够运用今天所学，为幼儿创设一个支持性、鼓励性的互动环境，让我们都成为鼓励幼儿的高手！

【研训赏析】

（1）"让鼓励伴随儿童成长"不是一句口号，要做到这一点，教师首先必须明晰表扬与鼓励之间的区别，通过自身的情绪体验，感受这两种互动方式带给幼儿的影响，最后反思自己日常的言行并进行修正，在实践中寻找适宜的师幼互动方式，逐渐掌握鼓励幼儿的策略。对于在培训中获得的技能，教师要回到日常教育教学实践中去一一验证，知行合一方为正道。

（2）可以提前拍摄师幼互动的视频，在培训时进行播放；引导教师记录和评析视频中师幼互动的行为，寻找可以借鉴的经验或者提出改进的建议。

（3）可以提供若干师幼互动的案例，每一组选择一个案例，根据描述进行情景再现。其他小组进行点评,对案例中教师行为的有效性和适宜性做出判断,提供改进的意见。

【研训资料】

> 卡罗尔·德韦克的拼图实验[1]

美国斯坦福大学著名发展心理学家卡罗尔·德韦克在过去的10年里,和她的团队都在研究表扬对孩子的影响。他们对纽约20所学校、400名五年级学生做了长期的研究,这项研究结果令学术界震惊。在实验中,他们让孩子们独立完成一系列智力拼图任务。首先,研究人员每次只从教室里叫出一个孩子,进行第一轮智商测试。测试题目是非常简单的智力拼图,几乎所有孩子都能相当出色地完成任务。每个孩子完成测试后,研究人员会把分数告诉他,并附一句鼓励或表扬的话。

研究人员随机地把孩子们分成两组,一组孩子得到的是一句关于智商的夸奖,即表扬。比如,"你在拼图方面很有天分,你很聪明。"另外一组孩子得到的是一句关于努力的夸奖,即鼓励。比如,"你刚才一定非常努力,所以表现得很出色。"随后,孩子们参加第二轮拼图测试——有两种不同难度的测试可选:一种较难,但会在测试过程中学到新知识,另一种是和上一轮类似的简单测试。他们可以自由选择参加其中一种测试。

结果发现,那些在第一轮中被夸奖努力的孩子中,有90%选择了难度较大的任务。而那些被表扬聪明的孩子,则大部分选择了简单的任务。由此可见,自以为聪明的孩子不喜欢面对挑战。为什么会这样呢?德韦克在研究报告中写道:"当我们夸孩子聪明时,等于是在告诉他们,为了保持聪明,不要冒可能犯错的险。"这也就是实验中"聪明"的孩子的所作所为:为了保持看起来聪明,而躲避犯错的风险。

接下来又进行了第三轮测试:这一次,所有孩子参加同一种测试,没有

---

[1] 卡罗尔·德韦克."表扬"与"鼓励"的差别有多大?[OL].[2016-11-21]. https://www.douban.com/note/593096854/.

选择。这次测试很难，是初一水平的考题。可想而知，孩子们都失败了。先前得到不同夸奖的孩子们，对失败产生了差异巨大的反应。那些先前被夸奖努力的孩子认为，失败是因为他们不够努力。而那些被表扬聪明的孩子认为，失败是因为他们不够聪明。他们在测试中一直很紧张，抓耳挠腮，做不出题目就觉得沮丧。

接下来，他们给孩子们做了第四轮测试，这次的题目和第一轮一样简单。那些被夸奖努力的孩子，这次测试的分数比第一次提高了30%左右。而那些被夸奖聪明的孩子，这次测试的得分和第一次相比，却退步了大约20%。

德韦克解释说："鼓励，即夸奖孩子努力用功，会给孩子一种可以自己掌控的感觉。孩子会认为，成功与否掌握在自己手中。反之，表扬，即夸奖孩子聪明，就等于告诉他们成功不在自己的掌握之中。这样，他们面对失败时，往往束手无策。"

（江苏省南京市鼓楼幼儿园　陈静）

实践篇 幼儿园教研活动设计方案

2. "做一名会观察、爱观察的幼儿教师"教研方案

【研训背景】

"儿童观察"是教师应具备的基本专业能力，也是教育教学中的常态工作，它不仅是对儿童行为的记录，而且是理解儿童发展最直接、最重要的途径之一。我们应该重视"儿童观察"的意义，在儿童具体的、实际的活动情境中，进行有计划、有目的的观察与记录。通过真实的儿童观察，教师才能正确地解读儿童的行为，客观地分析他们的发展，促使他们更好地成长。同时，大量的、科学的儿童观察可以加快教师队伍的专业化成长。但在实际工作中，教师经常会问：观察的内容有哪些？观察的方法有哪些？如何记录自己的观察？观察之后怎么分析？如何将观察结果用于后续教学与指导？这些问题仍然令一线教师困惑。

【研训对象】

幼儿园带班教师

【研训课时】

3课时

【研训目标】

（1）通过本次研训，教师再次认识到儿童观察的意义，激发教师观察儿童的兴趣。

（2）通过集体研讨游戏中对儿童的观察与记录、分析与评价，学会观察儿童、解读儿童，做一名爱观察、会观察的教师，从而更好地指导儿童游戏，促进儿童发展。

【研训准备】

（1）讲师准备：幼儿游戏的小视频片段（含小、中、大班，约15—20分钟）；《研训小组分工表》；演示文稿。

（2）环境与物质：会场桌椅布置及席位牌摆放；投影仪设备、笔记本电脑（每个年级组一台）、相机、黑板、磁铁等。

（3）教师用具：铅画纸、水彩笔、记录纸和笔；《3—6岁儿童学习与发展指南》（人手一份）。

【研训空间】

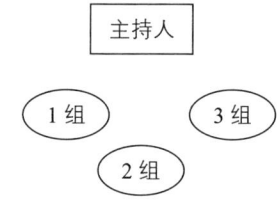

【研训过程】

环节一：研训开始，进入主题

1. 教师入场，依据席位牌的指示，按照年级组分组就座，集体确定组名。
2. 导入教研主题，主持人介绍本次活动的主题和大致流程。
3. 自由谈一谈"什么是儿童观察""你一般选择什么时候观察幼儿""你喜欢观察幼儿的什么"。

环节二：分组观看幼儿游戏视频

1. 观看视频前提出问题。

（1）游戏中幼儿的行为表现是什么？

（2）游戏中幼儿的经验发展是什么？

（3）针对幼儿的游戏行为，教师可以采取哪些指导措施？

2. 各组教师带着问题，分组观看相应年龄段幼儿游戏的小视频，教师独立进行观察与记录。

环节三：小组讨论，分工合作，完成展报

1. 组长带领组员，填写《研训小组分工表》；围绕以上三个问题，结合

自己的观察记录，分工合作；组内研讨并记录，完成本组的教研任务，绘制展报。

研训小组分工表

	分工项目	人员姓名
1	组长（即本年级组组长）	
2	发言人	
3	记录员	
4	美工（展报绘制）	
5	照相	
6	技术员（操作电脑等设备）	
7	计时员	
8	音量控制员	
	……	

2. 展示展报，每组由一名代表汇报本组研讨成果（每组 10—15 分钟），分享交流。

环节四：评析小结

1. 小结活动：主持人结合本次研训活动的情况，就"儿童观察"是什么、为什么要观察儿童、怎样观察儿童等做简单的综述。

2. 教师对本次研训内容与研训形式进行评析，提出意见与建议。

【研训拓展】

（1）每人完成幼儿游戏观察记录一份。

（2）研训成员在 QQ 群展开交流，就此次研训活动发表感言。

【研训展析】

（1）教师对特色研训活动的迫切需要。幼儿园的区级骨干教师及青年教师，常有机会参加研训活动，尤其在区各个学科组里，她们尝试过不同形式的研训活动，有着丰富深刻的研训体验。但大部分教师只有参加日常园本学习的常规经验，她们也需要体验一下不同形式的、富有特色的研训活动，使园本教研更加生动、活泼、有效，让每个教师都能在活动中有收获，促进教师群体的共同成长。

（2）"换位体验式"研训活动的尝试。本次研训活动采取"换位体验式"的研训形式，全体教师把自己变成儿童，从儿童的角度思考问题。本次研训活动由区级骨干教师主持，他们将以往在区组的活动经验和资源整合，以整—分—整的形式，开展"有图像、有真相"的教研活动。简短的15分钟视频，教师能通过个体自我的观察获得许多信息，再通过集体的交流与分享，产生诸多思考点。独立观察到集体分享这一过程可以让教师体会到"儿童观察"的意义。

（3）人人有任务，增强凝聚力。通过分组观看幼儿玩积木游戏的视频，研训成员根据自身年龄层次及兴趣特长，选择具体负责的一项分工，共同完成研训任务，基于对儿童的观察，发表、分享观点，让每位教师都体验到研训活动带来的乐趣和思考。人人参与、分工合作，增强教师的集体凝聚力和彼此之间的默契。

【研训资料】

➢ 什么是儿童观察

儿童观察，是教师有目的、有计划，较持久地通过感官获取儿童言语、行为的信息，并进行记录、说明、分析的过程。获得关于儿童的事实资料，调整对儿童发展的支持策略，从而促进其成长与发展。

➢ 为什么要观察儿童

能否准确地判断、评价儿童的学习与发展，直接影响着教师对儿童的态度、期望，影响着教师的教育行为。而这些判断、评价都基于教师对儿童生活的全面观察。

教师在儿童生活、学习、游戏的场景中，进行有计划、有目的的观察与记录，是走近儿童的世界、理解儿童的发展、发现儿童的能力的最直接、最重要的途径之一。南京师范大学虞永平教授提出,"儿童行为观察能力"应该成为教师的第一专业能力。爱观察、会观察,把观察作为个人职业发展的有利工具,有助于加快教师自身的专业成长。

(江苏省南京市鼓楼区热河南路幼儿园　王茁)

3. "幼儿教师如何撰写教学活动实录"教研方案

【研训背景】

幼儿园教学活动实录的撰写是幼儿教师必备的技能之一，也是体现每一名教师在教学活动中如何掌握教学要点、如何听课评析、如何观察儿童等的重要手段。它是一种手段，是为促进教师学习而对学习过程和资源所做的系统安排，是分析教师的学习需要和目标，以形成满足学习需要的全过程。《幼儿园教师专业标准（试行）》明确指出，教师在专业能力方面应能够运用各种反思评价手段，使自身在专业领域得到终身发展。但如今，教学实录的运用多流于形式，教师往往为了记录而记录，记录的方法和技巧的掌握也显得比较单薄。针对教师撰写教学实录的现状，本专项培训旨在提高教师撰写教学实录的能力和技巧。

【研训对象】

新手教师或工作3—5年的教师（50人以内）

【研训课时】

2.5小时（4课时）

【研训目标】

（1）通过现场观摩教学视频、教师现场记录、主持人点评的方式，提高教师撰写教学实录的能力。

（2）通过自由建组、小组讨论、主持人点评等研训方式，提高教师评析教学实录的能力。

【研训准备】

（1）讲师教具：电脑和投影设备、事先准备好的教学实录视频。

（2）教师用具：每人一张记录纸、笔。

【研训空间】

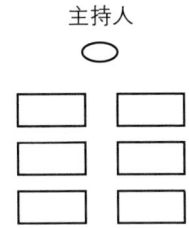

【研训过程】

环节一：主持人现场提问

1. 参与教师自由选择学习小组和学习伙伴。

主持人：欢迎老师们参加活动，请大家自由选择小组，每组人数控制在 4—5 人。

2. 主持人现场提问教师。

主持人：在座的各位都是刚工作或者工作不久的新手教师，谁能说一说什么是教学实录？教学实录有什么用途？你平时是怎样撰写教学实录的？

环节二：教师撰写教学实录，主持人现场点评和分析

1. 主持人播放教学实录视频，教师自由撰写教学实录。

《我会排队》教学视频内容概览：

（1）教师带领幼儿从事先搭建好的小桥上走过，让幼儿体验走小桥可能出现的问题。

（2）教师与幼儿回顾刚才的场景，让幼儿自主讨论排队过桥，了解排队的好处。

（3）教师出示"小猴过桥"的 PPT，让幼儿发现插队问题并进行讨论。

（4）教师利用木偶小猴演示"来迟了，应该站在队伍的最后"。

（5）教师创设"到动物家做客"的场景。幼儿排队走过石板小路（方形硬纸板）、小桥（平衡木）后到动物家吃糖豆（巧克力豆），最后按原路返回。

主持人：请老师们拿出一张 A4 纸和一支笔，按照平时的方法撰写教学

实录。

2. 主持人分段播放教学视频，教师自由撰写教学实录，主持人和教师互动点评。

主持人：看完刚才播放的五分钟视频，谁来说一说你是怎么记录的？记录了什么内容？

3. 主持人请每组1—2名教师发言，了解教师撰写教学实录的现状及问题，针对问题进行点评和分析。

环节三：教师运用新授方法进行教学实录

1. 再次播放教学视频，教师运用主持人点评后的新方法再次记录，教师加强撰写教学实录的能力。

主持人：我们再播放一遍刚才的视频，请问你们还会记录吗？你会怎么记录？

2. 主持人请每组1—2名教师发言，请教师说说前后两次记录的区别。

主持人：谁来说一说这次记录的内容？前后两次记录的内容有什么区别呢？

环节四：主持人提出研训核心问题，引发教师思考

1. 主持人：刚才我们已经学习了如何撰写教学实录，我想问问在座的老师，如果让你进行教学实录的评析，针对这节教学活动，你会怎样评析？从哪些方面进行评析？

2. 各个小组分别进行讨论，每组请一位代表发言，主持人进行点评。

环节五：主持人总结教学实录在日常活动中的运用及其重要性

主持人：教学实录的撰写是体现教师在教学活动中如何掌握教学要点、如何听课评析、如何观察儿童等的重要手段，它是教师必须掌握的专业能力之一。

教师小组内互相讨论、总结撰写教学实录的经验，互相观摩此次实录的内容。

【研训拓展】

在下次培训时提前下载一些教师平时进行的教学实录案例，先请教师观摩，让教师说说优缺点，寻找可以借鉴的经验或者提出改进建议。此外，在观摩教学活动时，可以设置不同的奖项，这样做有助于提高教师参与的积极性，提升教师撰写教学实录的能力。

【研训展析】

首先，教学实录的起点和归宿都指向幼儿课堂学习的改善。无论是教师行为的改进、课程资源的利用，还是教学活动的反思，都以幼儿教学活动的有效学习为落脚点。教学实录主要关注教师如何教、怎么教，幼儿如何学习、会不会学习以及学得怎样。因此，教学实录的过程始终围绕幼儿课堂学习的改善。

其次，教学实录是促进教师专业发展的重要途径之一。它不是为了把教学活动分成三六九等，而是为了改进教学活动、追求内在价值，在整个观察过程中进行思想碰撞，探讨教学活动的专业问题。作为教师教学的主阵地，教学活动是教师从事研究的宝贵资源，教学实录促使教师由观察他人的教学活动而转向反思自己的教育理念和教学行为，感悟和提升自己的教育教学能力。无论是观察者还是被观察者，无论是处在哪个发展阶段的教师，都可以根据自己的实际需要，有针对性地进行教学实录，从而改进自己的教学技能，提升自己的专业素养。教学实录在教学实践和教学理论之间架起了一座桥梁，为教师的专业发展提供了一条很好的路径。

最后，教学实录作为一项专业研究活动，有助于幼儿园合作文化的形成。教学实录是互惠性的，观察者和被观察者都能受益。可以说，一位有经验的专业教师必然拥有诸多观察技巧，在短时间内即能敏锐而精确地解读事件的发生，并有能力预防及处理各种教与学的问题。这值得幼儿园新手教师学习借鉴。

（江苏省南京市鼓楼区教师发展中心朱清设计，

江苏省南京市于家巷幼儿园王立整理）

4. "经验分享促进新手教师成长"教研方案

【研训背景】

新手教师对幼教职业充满了憧憬，对幼儿充满了喜爱。与此同时，新手教师缺乏经验，在工作岗位上如何逐步成长还存在方法上的欠缺。成熟型的教师在面对工作中的各种难题时，都有自己的一套方法，如果成熟型的教师把自己的经验和工作中的一些实际的方法分享给新手教师，就能够让新手教师踏着石头过河。在研训过程中，通过各种游戏启发新手教师重视自省，通过教师的自我发现，了解要想成为一名优秀的教师自己哪里还有所欠缺，从而使新手教师能够主动学习、主动研训。其次，在研训的过程中，许多新手教师存在"只听只看"的学习现象，缺乏学习上的互动。在这个良好的平台中，教师不仅要了解"听、看"是必须的，而且要明白"沟通"也是必要的学习手段。在研训过程中，使新手教师了解"沟通"是双方的，不是单一的。如同教师与儿童在活动中的"互动"，重视双向的沟通，才能达到好的效果。理解沟通的重要性，不仅有助于新手教师自主学习，也有助于新手教师理解将来与儿童相处学习的方法，一举多得，从而达到新手教师自我成长的目标。

【研训对象】

新手教师

【研训课时】

4课时

【研训目标】

（1）学习制订专业发展规划，不断提高自身专业素质。

（2）尝试针对现实中的需要与问题，进行反思与方法探索。

【研训准备】

用作经验分享的PPT；一幅图（有情节）；每人2—3张水果形状的便利贴、一支笔；树的轮廓背景图；制作海报的用纸、彩色马克笔。

【研训过程】

环节一：展示研训主题《成长》，了解学习的主题

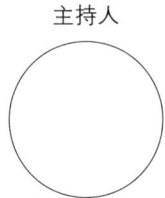

1．参与教师自由落座。

2．主持人自我介绍。

3．主持人说明此次活动的时间安排：一学年，每月1—2次；活动的内容：不同教师的经验分享；研训方式：参与式。

环节二：参与教师与主讲人共同谈论核心话题

1．游戏：输了你就跟我走。游戏规则：与身边的人玩"石头、剪刀、布"游戏，输了的人跟在赢的人后面，最后排成一列火车。

2．主持人总结：每位教师的个人成长就像这列火车，需要具备多种能力才能使火车逐渐变长。

3．主持人提问：你觉得优秀的幼儿教师是什么样的？要成为优秀的幼儿教师，需要哪些帮助？

（1）每位教师在纸上匿名写出自己觉得好的方法。

（2）将每位教师的便利贴答案贴在树的轮廓背景图上。

（3）主持人分享便利贴上的内容。

（4）总结：每位教师的成长就像这棵大树，有了方法的支撑才会结出累累果实，每位新手教师才会成长为优秀的幼儿园教师。

环节三：分享PPT《我在小人国——教师的自我成长》

主持人
◯
□ □ □
□ □ □
□ □ □

1. 主持人出示PPT，引发教师思考：我想成为什么样的幼儿教师？
2. 主持人出示教师的类型。
3. 优秀教师分享成为智慧型教师的方法。

（1）互动交流：分为两种，即单向交流和双向交流。沟通强调"互动"，即交流的双方彼此分享意见和想法。单向的交流不叫沟通，不是互动。

（2）游戏：听着画。规则：请一位参与者协助做这个游戏，给他看事先准备好的一幅图；告诉其他参与教师，这位教师将为他们描述这幅图的内容，请他们按照这位教师的描述把内容画出来；请说的教师背对着大家站立，避免与别人进行眼神和表情交流；他只能做口头描述，不能加任何手势和动作；其他教师也不能提问，一切听从说的教师的指挥；游戏完毕后将图展示给大家看，让大家校对自己的图画与原图是否一样或正确；再请另一位教师上台做这个游戏，但这次允许大家提问和做动作，看结果怎样。

（3）共同讨论：当我们进行单向交流时，是否感到不顺畅、焦急和困难，为什么？即使是双向交流，有人也会出错，分析一下这是为什么？

（4）主持人总结：单向交流就像教师的满堂灌一样，完全不知道儿童面临的实际困难是什么，就无从解决他们的困惑、解答他们想知道的问题，也就无法提供有用的信息。与儿童互动的目的就是了解幼儿所面临的困难，了解幼儿的个体差异，教师的活动进程并不是跟着最好的儿童前进，而是根据全班不同层次的儿童使用不同的策略，所以与儿童的交流、互动、沟通就显得尤为重要。与家长的沟通也是如此，不是单方面的表述，而是注意到双方的互通，教师才能了解家长的困惑与需求，家长才能理解幼儿教师的理念与配合的方向。无论是教师与家长、教师与儿童、教师与同伴，沟通或者互动都是非常重要的一种交流技巧。

（5）智慧型教师的经验分享：

- 教师情绪的自我管理及书籍推荐。
- 家长会与家长沟通的技巧经验分享（用事例引导家长）。
- 资料的收集，避免重复劳动。

讨论：你觉得工作中哪些资料可以收集整理？怎样操作省时有效？

主持人介绍"头脑风暴"方式的操作要领：进行分组分工合作，产生本组的组长；教师们讨论海报的事宜，在海报上呈现自己的组名、组员、组长，每组展示张贴海报；自我介绍并简单说说思路，向大家介绍自己组的讨论结果。

主持人根据参与教师的讨论进行总结和补充。

（6）讨论：哪些地方需要我们记录下自己的反思与总结？

主持人根据参与教师的讨论进行总结与补充。

环节四：引发教师思考

主持人：就个人成长这一话题，你还有其他感兴趣的话题或者困惑吗？可以在便签纸上记下来。

【研训拓展】

（1）QQ群聊天：研训成员发表一两句研训感言。

（2）收集资料：每位教师写出自己擅长的领域和想要提升的方向，以及想到的提升的途径和方法。

【研训展析】

研训亮点：互动式研训方式，将游戏贯穿其中，游戏与研训的主题相同，可引发教师的反思。在研训过程中没有使用"一言堂"，而是使用互动的方式。在这些方式中，主持人能够及时发现新手教师的困惑及需要，如同我们理解儿童的需要一样，就能按需给予。新手教师也在同伴的分享中激发自己的潜力，发现自己所需，从而能够有方向地索取。新手教师借助好的平台，充分吸收新的理念，了解各领域的关键性经验，甚至优秀教师们使用的好方法，在成长的道路上会少走弯路，成长过程也会事半功倍。

【研训资料】

➢ 个人成长

《幼儿园教师专业标准（试行）》对教师提出"勤于学习，不断进取"的要求；要能"主动收集分析相关信息，不断进行反思"，"制定专业发展规划，不断提高自身专业素质"。因此，每一位幼儿教师的个人成长都应该是有规划的，在好的平台和方法的指引下，能够成长得更好、更快。

（江苏省南京市第三幼儿园　张雯）

5. "幼儿教师团队合作"教研方案

【研训背景】

很多教师会在一日生活中通过种种方法培养幼儿之间的合作精神,但是在实际工作中,由于时间、空间、年龄特点、活动的相对特殊性,教师之间的有效合作很难真正落实。加之教师经常要参与各种技能比赛、评职称、写论文、写案例、写观察、备课等,能真正在一起活动的时间少之又少。所以在多数情况下,教师之间都是各自为政,而教育评价标准的相对单一、不可避免的竞争也加剧了教师之间不合作的态度和程度。团队合作对任何一个组织都是不可缺少的,一根筷子容易弯,十根筷子折不断……这就是团队合作的重要性的直观表现,也是团队精神之所在,因此,培养具有合作精神和合作实践能力的教师,对于一个幼儿园来说非常有必要,也应成为一个长期目标。

【研训对象】

新手教师和骨干教师(24—30人为宜)

【研训课时】

2.5小时(4课时)

【研训目标】

(1)通过研训内容的聚焦和研讨,了解团队中的多种沟通方式。

(2)通过游戏、探讨、交流等方式,感知团队合作的重要性,并能积极地和他人进行协作交流,具有良好的职业道德修养,为人师表。

【研训准备】

（1）讲师准备：制作好的演示文稿、棉绳或麻绳线球、小徽章（或贴纸奖章）、糖果。

（2）教师准备：一小盒油泥、一包彩色吸管、笔记本，整理自己在工作中遇到的合作成功及失败的案例各一个。

【研训空间】

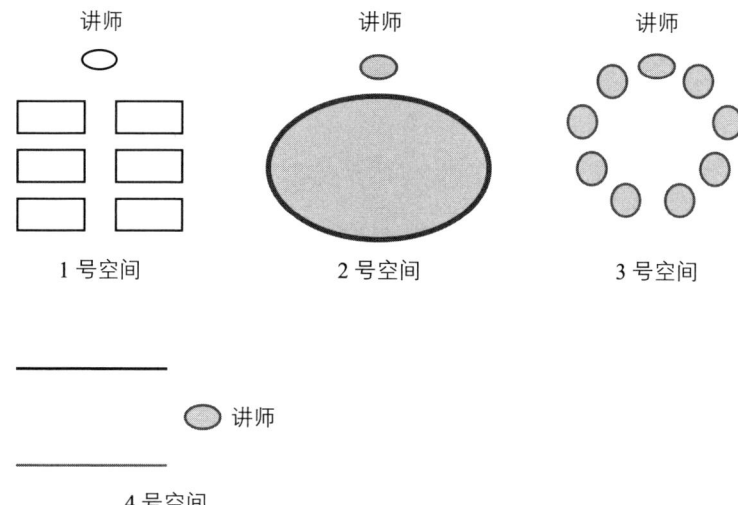

【研训过程】

环节一：参与教师相互认识，了解此次研训的学习过程

1. 参与教师自选落座（1号空间）。

2. 讲师自我介绍。

3. 讲师对此次研训活动的内容及研训方式做大致的介绍，让学员有初步的了解，促使学员产生积极主动的学习态度。

4. 游戏"蜘蛛网"（4号空间）。

讲师拿出线球，说明游戏规则："我会拉住线头将这个线球抛出去，谁接到了，就用简单明了的几句话介绍自己，然后请你也拉住线的一端，继续把球抛给下一位老师，接到的老师同样介绍自己，然后拉住线的一端，将球

抛出去。以此类推,直到最后一个人说完,大家可以看到形成了一张网……"(商量请一人将网恢复成一个球)

环节二:参与教师与主讲人共同讨论核心话题

1. 讲师提问,参与教师自由发言。

(1)提问:在刚才玩的"蜘蛛网"游戏活动中,你的感受是什么?你觉得这个游戏给我们什么样的启示?

(2)提问:你认为什么是团队?团队精神是什么?它涵盖了哪些方面?

(3)讲师边出示演示文稿,边总结"团队""团队精神"等概念。

2. 参与教师分享自己的团队故事,进一步讨论分析核心话题(2号空间)。

(1)参与教师讲述工作中成功的团队故事,讲师根据参与教师的讲述,结合演示文稿进行理论的提升和指引。

(2)参与教师讲述工作中失败的团队故事。

(3)讲师提问:选择其中一个案例,说说这个案例的主要问题出在哪里?有什么好的方法可以解决这类问题?(可以写在自备的白纸上)

(4)讲师结合参与教师的思考、反馈以及演示文稿,进行理论的提升和指引。

环节三:采用游戏的方式,进一步感知核心话题

1. 分发游戏材料,讲解游戏规则。

(1)讲师:请老师们自由组合,2—3人一组,并为自己的组起一个合适的名字。

(2)每组使用一小盒油泥、若干吸管进行架高建构,看哪一组制作得最高(至少能站立10秒钟不倒)。高度最高且站立时间最长者获胜。

2. 分组进行游戏活动,讲师巡回观察(3号空间)。

3. 评选出前三名,颁发最佳创作奖。

4. 获胜小组成员分享创作过程中的故事,讲师对他们的讲述做点评和分析。

5. 讲师给其他小组奖励糖果(有特殊经历的小组也可以来介绍,讲师评析)。

环节四：讲师分享PPT演示文稿，引发教师思考

讲师：在日常工作和学习中，你对团队合作感兴趣的话题或者困惑是什么？

讲师结合教师所讲述的内容，进一步分享PPT演示文稿。

【研训展析】

（1）本次研训活动旨在学习、感受团队合作。团队合作是一种为达到既定目标所显现出来的自愿合作和协同努力的精神，它强调通过成员的共同贡献，能够得到实实在在的集体成果——这个集体成果超过成员个人成绩的总和，即团队大于各部分之和。团队的核心是共同奉献，这种共同奉献需要每一个成员能够为之信服的目标。只有切实可行而又具有挑战意义的目标，才能激发团队的工作动力和奉献精神，为工作注入无穷无尽的能量。

（2）教师团队合作对教师专业发展的作用，主要体现在以下几方面：有利于促进教研信息共享，优化教师的知识结构；有利于促进教师创造性的发展，保持进取精神；有利于提高教师的反思意识，促进教师的专业发展；有利于教师的终身学习和知识的获取、创造和传播。

【研训资料】

➢ **教师团队合作**

教师团队合作是指为实现自我的专业成长和专业发展，擅长不同领域教学的教师在共同目标的引领下，形成共同的价值追求，自愿组成团队、开展合作的过程。在这个团队中，每一位教师都是不可或缺的，团队有明确的合作理念、必须遵循的合作原则、相对稳定的合作方式以及与合作相适应的评价方式。各个成员之间能够相互尊重，彼此协调，明确自己在团队中的作用，并根据自己擅长的领域为其他教师提供必要的信息和适时的指导，集群体之优势，形成合力，推进教育教学改革。

（江苏省南京市实验幼儿园　唐未名）

6. "如何有效开展班级家长工作"教研方案

【研训背景】

幼儿园日常教育工作中存在着两个矛盾体：一方面，教师担心家长不理解、不配合，如何做好家长工作是教师遇到的一大难题；另一方面，家长期待了解自己孩子在幼儿园的一日生活与学习情况，却苦于没有机会。在新的教育理念的引领下，教师与家长需要共同携手，建立共赢互惠的关系，与幼儿一起共同成长。

【研训对象】

新手教师（工作1—5年），20人左右为宜

【研训课时】

2.5小时（4课时）

【研训目标】

（1）通过经验分享、问题解决等方式，探索班级家长工作的内容及开展方式，逐步完善班级家长工作。

（2）通过参与式研训方式，了解班级家长工作开展的意义及其重要性，不断提高班级家长工作管理能力。

【研训准备】

（1）讲师准备：《理解爱——班级家长工作管理》研修方案、制作好的演示文稿。

（2）教师准备：日常工作中遇到的困难和获得的经验。

幼儿园优质教研活动设计方案

【研训空间】

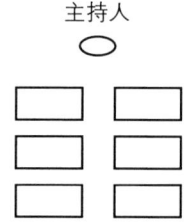

【研训过程】

环节一：经验分享与问题解决

研训话题：说说你在开展班级家长工作中遇到的困难。

1. 主持人请教师自由说说自己在开展班级家长工作中遇到的问题，并在黑板（或海报纸）上记录。

2. 教师对提出的问题进行分类：家长教育理念的引导、家园教育方式的沟通、家长对教师的信任、家长对幼儿园教育了解不足……

环节二：教师帮助家长认识、了解幼儿园教育

研训话题：如何通过班级管理，帮助家长了解、认识幼儿园教育。

1. 主持人请教师结合自己的日常工作，说一说在班级工作中，哪些活动的开展能够帮助家长了解、认识幼儿园教育，并将教师的回答记录在黑板（或海报纸）上。

2. 主持人继续提问：在帮助家长认识、了解幼儿园教育的过程中，你会遇到哪些问题呢？（主持人将教师提出的问题记录在黑板或海报纸上）

3. 主持人与教师共同对提出的问题进行分类。

4. 主持人与教师共同梳理本学期家长工作的内容及方法：新生家访制度、跟踪回访制度、个别幼儿即访制度、班级家长会制度……

环节三：家长观摩、参与幼儿活动，支持幼儿园工作

研训话题：如何通过班级管理，引导家长有目的地观摩、参与幼儿园活动，支持幼儿园工作。

1. 主持人请教师结合自己的日常工作，说一说在班级工作中，哪些活动的开展能够引导家长有目的地观摩、参与幼儿园活动,支持幼儿园工作,并将教师的回答记录在黑板(或海报纸)上。

2. 主持人继续提问:在引导家长有目的地观摩、参与幼儿园活动,支持幼儿园工作的过程中,你会遇到哪些困难呢?(主持人将教师提出的问题记录在黑板或海报纸上)

3. 主持人与教师共同对提出的问题进行分类。

4. 主持人与教师共同梳理本学期家长工作的内容及方法:家长半日活动开放制度、家长随访制度、家长志愿者、家长沙龙、家长学校、家长委员会……

环节四:家长与教师共同携手,促进幼儿健康成长

研训话题:如何通过班级管理,与家长共同携手,促进幼儿健康成长。

1. 主持人请教师结合自己的日常工作,说一说在班级工作中,哪些活动的开展有助于家长与教师共同携手,促进幼儿健康成长,并将教师的回答记录在黑板(或海报纸上)。

2. 主持人继续提问:在与家长共同携手,促进幼儿健康成长的过程中,你会遇到哪些困难呢?(主持人将教师提出的问题记录在黑板或海报纸上)

3. 主持人与教师共同对提出的问题进行分类。

4. 主持人与教师共同梳理本学期家长工作的内容及方法:家园联谊活动、主题活动的设计和开展、班级小报的制作、幼儿成长纪念册的制作。

【研训拓展】

(1)教师将学到的方法及时运用到各自的教育实践中,不期待立竿见影,寄希望于大胆尝试。

(2)教师建立 QQ 群,在群内分享各自的感言。

【研训展析】

研训过程中,主持人引导教师进行的思考主要分为三个步骤:经验回顾—问题提出—共同梳理方法与策略,这三个步骤构成了本次研训的亮点——基于问题的教研,教师发现问题、分析问题、分享经验,对班级家长工作的内容及开展方式进行了梳理，为教师在班级管理中开展家长工作提供支持。

【研训资料】

➢ 家园共育

家庭是幼儿最早接触的社会生活单位，而幼儿园是幼儿踏入社会的第一个集体，是促进幼儿成长和发展的专门机构，它和家庭之间的关系直接影响着幼儿的健康成长。《幼儿园教育指导纲要（试行）》《幼儿园工作规程》均给予幼儿园家长工作以准确的定位和明确的要求。《江苏省幼儿园课程游戏化项目实施要求（试行稿）》中明确指出：幼儿园应与家庭建立双向互惠的关系。高质量的家园关系是双向互惠的，能够形成合力，促进幼儿的发展。因此，幼儿园应该秉持民主、平等的理念，主动和家庭对话、合作，应基于理解和互惠的立场，运用自己的专业素养向家庭和大众传播现代儿童教育理念，提升家庭科学育儿的能力。

（江苏省南京市雨花台区实验幼儿园　凌霞）

7. "幼儿教师情绪调节"教研方案

【研训背景】

频繁发生的虐童事件，不断将幼儿教师推到舆论的风口浪尖，让很多人对幼儿教师这一职业产生了信任危机。面对这种社会现实，教师承受的压力是巨大的。幼儿教师自身良好的心理素质是职业素养中非常重要的一项指标。为了进一步拓宽教师的视野，加强教师的心理健康教育，提高教师的心理素质与情绪调节能力，我们开展了此次教研活动。

【研训对象】

全体教师

【研训课时】

2.5 小时（4 课时）

【研训目标】

（1）通过"多元、自主、实效"的研训活动，加强幼儿教师的心理健康和师德师风建设工作，提高幼儿教师的心理调适能力，帮助幼儿教师获得职业幸福感。

（2）通过专家引领、同伴互助、自我反思等研训方式，引导教师具备高尚的道德情操、不断学习的能力、良好的心理素质和人格魅力，促进自身专业化成长。

【研训准备】

（1）活动前期菜单式调查教师的新技能展示内容，将展示内容分为新技术运用篇、美食大厨篇、造物篇，每位教师制作自己的新技能展示海报。

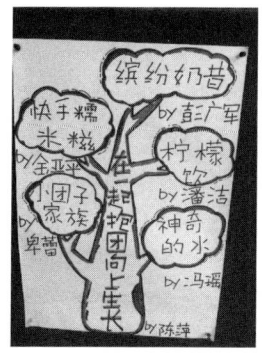

（2）主持人教具：新技能展示海报、制作好的演示文稿。

（3）教师用具：每组一份2开大小浅色空白纸、一盒水彩笔。

【研训空间】

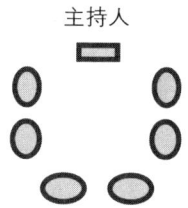

【研训过程】

环节一：展示教师新技能，同伴互助分享

1. 参与教师自由落座，主持人分别邀请教师进行新技能分享活动。
2. 每位教师简短介绍自己的新技能，并进行操作展示。
3. 教师现场学习操作，分享教师进行个别指导。

环节二：开展换框游戏，创设轻松氛围，进行核心话题研讨

1. 主持人出示《教师压力测试表》，请教师们自己打分测试。
2. 主持人：谁愿意说说你现在有哪些压力？面对压力你是怎么做的？
3. 开展互动小游戏，解答、分析教师压力的来源。

主持人：我们一起来玩一个换框游戏，每个人先说出自己的烦恼，然后换一个角度再说一次，看看有什么变化。

例如："因为妈妈唠叨，所以我很烦。"换一个框之后可以这样说："妈妈

唠叨，所以我爱妈妈，因为我是妈妈的乖女儿。"

教师以击鼓传花的方式，分别用换框法说出自己的压力以及排解方法。

环节三：梳理解压方式，学会保持心理健康的正确方法

1．开展《幼儿教师职业压力调试与情绪管理》专题讲座。

2．教师按不同年龄段分组。

3．每组选出一名发言人、一名记录人。全体教师根据刚才的讲座内容，结合自身经验来梳理解压的方式和调节情绪的方法。

环节四：教师展示演示文稿的内容，引发思考

1．各个小组进行讨论，梳理出合适的解压与调节情绪的方法。

2．按照小、中、大三个年龄段，每个小组分别进行团队展示和发言。教师倾听发言人介绍，讲师进行点评。

【研训拓展】

1．邀请心理专家进行教师情绪管理专业培训，帮助教师养成良好的职业心态。

2．在日常培训活动中穿插开展"寻找团队唯一共同点""拼图游戏""数字游戏"等活动，提高教师培训的乐趣。

3．在教师春秋游活动中，全体教师按不同年龄段分组，拍摄创意团队照片进行分享，增强团队凝聚力。

【研训展析】

本次研训活动进一步推动了幼儿教师的心理健康和师德师风建设工作，提高了幼儿教师的心理调适能力，帮助幼儿教师获得职业幸福感。前期的新技能分享活动，让大家在教师专业成长这条道路上找到自己的闪光点，成为教师规划适合自己发展的专业成长的"阶梯"，为教师的发展进步助力引航。

专题讲座培训前用游戏开场，将大家引入了轻松体验的氛围中。整个研训过程引导大家在经历"自我认识""自我调节"的过程中，感悟团队合作的快乐、个体智慧的创造。同时，专家对每次团队行为背后所透露出的价值追求、潜在意识及时进行剖析，并将此延伸到教育中所要处理的师幼关系、教育规律等，使教师们在不知不觉中领悟人生、教育的哲理。

开展教师心理游戏培训，旨在帮助教师更多地认识自我、完善自我，更大程度地放松身心，以良好的心态实现快乐生活、快乐工作。只有教师的身心得到了放松、心灵享受了按摩，才能更真切地感受到合作的快乐、集体的幸福、人生的价值。

【研训资料】

➢ 幼儿教师的心理健康

随着社会的发展、经济的腾飞，竞争日益激烈，幼儿教师面临着极大的压力，关注幼儿教育应从关注幼儿教师的心理健康开始。此外，要使儿童心理健康发展，幼儿教师首先应拥有健康的心态。关注幼儿教师的身心健康，帮助幼儿教师正确面对生活和工作中的压力，打造一支具有"高尚的师德修养、广博的专业知识、精湛的业务水平"的优秀教师队伍，才能引领教师迈上专业成长的快车道。

（江苏省南京市鼓楼区五塘幼儿园　卑蕾）

8. "幼儿教师师德建设"教研方案

【研训背景】

2017年11月初,上海携程亲子园老师虐童事件引爆舆论。9日,上海市长宁区人民检察院提前介入携程亲子园虐待被看护人案,依法维护未成年人合法权益。3名涉事工作人员因涉嫌虐待被看护人被依法刑事拘留。至此,携程亲子园虐童事件似乎有了结局,暂告一段落。然而,虐童事件一直没有淡出人们的视线。除了上海携程亲子园外,同一天,南京栖霞区爱德美幼儿园教师拖拽、推搡、脚踢3岁男孩的事情再一次引发网友广泛关注,涉事教师王某被公安部门刑事拘留。幼儿教师通过了解案例,分析涉事教师虐待儿童的原因,能够进行自我反思,提高自身维护儿童权益、尊重儿童的意识。

【研训对象】

全体幼儿园教师(人数不限)

【研训课时】

1.5小时(2课时)

【研训目标】

(1)通过解剖和分析社会热点,进行评析案例和自我反思,提高幼儿教师尊重儿童的意识,了解尊重儿童的教育观念和教学方法。

(2)讨论本园教师和幼儿身体接触的制度,制定本园教师和幼儿身体接触的规范。

(3)合理应对家长对此事的焦虑,借此机会采取相应的措施,让家长放心并对幼儿园加强信任。

【研训准备】

（1）组织者和参与教师的研训准备：了解虐童案例并有所思考，认真学习《幼儿园教师职业道德规范》《中小学教师职业道德规范》。

（2）每组准备一张记录纸和海报纸，每人准备一个信封和若干张信纸。

（3）每个小组讨论的牵头人要有正向引导的意识和经验。

【研训空间】

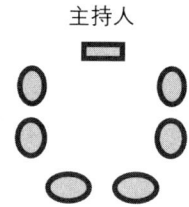

【研训过程】

环节一：集体讨论案例

采用案例分析法、分组方式，从角色角度思考改进措施。

1. 参与教师在会议室围坐，主持人叙说虐童案例。

2. 携程虐童案发生的原因：首先，从主观上说，幼师队伍年轻化现象突出。年轻是一把双刃剑，利在于精力旺盛，容易与孩子打成一片；弊在于老师自己也不过是一个"半大的孩子"，在为人处世、情绪调节等方面还欠缺经验；幼师缺口太大，持证上岗的幼师严重不足；幼师除了要"能歌善舞"，还要掌握心理学、教育学等相关知识。

其次，从客观环境来说：一方面，幼师整体待遇较差，尤其是在缺少补贴的民办园中，其结果造成优质教师离开，大量素质相对不高的人员"半路出家"填补空缺；另一方面，学前教育的财政投入欠缺。眼下呼吁将学前教育纳入义务教育的声音不断，如果财政尚且无力担此重任，那么稳步提升学前教育投入，从地方财政中划出强制性比例，都应尽快提上日程。

最后，法律法规还有不完善之处。很多虐童幼师被以"寻衅滋事"的名义定罪，并处行政拘留。处罚偏轻，违法成本低。

3. 集体思考讨论：教师、园方管理者、社会、家长、幼儿从此事件中分别学到什么？主持人参与其中一组的讨论，每组边讨论、边记录汇总，最后进行全体汇总。

注意事项：小组主持人一定要引导大家从正面讨论，说出改进的方式，不能停留在指责层面！

4. 汇总大家的观点和办法，每一组老师在海报上展示本组采取的改进方法。

5. 主持人总结要点：所有教师达成共识的方法、园方和班级的科学管理方法、教师正常的行为逻辑、师德的底线和操作方法、家园工作的深化、对儿童的观察和了解。

环节二：结合实际工作进行反思

1. 失败的案例是反思的最佳脚本，教师可以结合现实，反思自己在工作中做得不妥和不当的地方，以及自身存在的情绪极限和行为失控的倾向。

2. 教师将自省的内容写在信纸上，放入属于自己的小信封（可以匿名书写），届时邀请专家疏导、解剖，并加强方法推荐和案例模仿。

环节三：事件回应

主持人：这次事件发生后，最焦虑的是哪些群体呢？我们能做什么来消除他们的焦虑，让工作环境更加和谐透明、高效通畅！

幼儿教师自由发言，说出不同群体的名称，再按照焦虑等级进行排序。说说能够缓解群体焦虑的办法。

总结：用心沟通，认真汇报，用实际行动消除顾虑。

环节四：学习相关文件，制定本园制度

讨论本园师德制度以及需要完善的地方，制定本园教师和幼儿身体接触的规范。

【研训拓展】

（1）了解本园教师情绪失控的倾向，建立情绪失控的心理疏导；从课程设置的角度满足儿童的发展，降低教师组织的难度，提高教师工作中的心情愉悦程度。

（2）寻找有激情的教育工作者工作的案例，作为榜样激励教师。

（3）定期查阅教师写好的信，根据情况建立长期的情绪疏导机制。

【研训展析】

对照社会事件，反思自身行为，正向思考应对措施，完善制度，建立疏导机制。

（1）绝大多数幼儿教师都懂得，热爱孩子是教师职业活力的源泉。看到孩子们在自己的指导下一点点进步，教师的幸福感是无法言说的。虽然付出了许多辛苦，但只要孩子们好，教师的心中就会充满欣慰，还有什么比这更好的回报呢？

（2）苏霍姆林斯基曾说："每个真正的教育工作者都懂得不使孩子心中的激情冷却，不伤害孩子心灵深处最敏感的角落，不让他们成为对周边事物漠不关心的人，具有多么重要的意义。""虐童"行为突破了教师职业道德的底线，可能给孩子留下一辈子的阴影，是每一个正直的教育工作者都无法容忍的。

（3）教师要想教育好孩子，首先要教育好自己。教育家乌申斯基曾说："教师的人格，就是教师的一切。"人的内心不种鲜花就会长出杂草，作为一名合格的教师，我们需要时刻反思自己，提醒自己用一颗爱心对待孩子，守护好作为教师的底线，只有这样才能拥有幸福完整的教育生活。

（中国电子科技集团公司第十四研究所幼儿园　薛艳娜）

实践篇 幼儿园教研活动设计方案

9. "心中有孩子，行动有规范"教研方案

【研训背景】

2012年，教育部颁布出台了《幼儿园教师专业标准（试行）》文件，贯穿其中的基本理念是：师德为先、幼儿为本、能力为重和终身学习。教师是立园之本，师德是教育之魂。要想办高质量的教育，必须要有高素质的教师。随着时代的发展，越来越多的年轻教师加入了幼教队伍，他们热情有余，却经验不足；他们时而热情高涨，时而烦躁低迷，各种情感交织在一起。此次培训以更新师德观念、规范师德行为、提升师德水平为重点，不断提高年轻教师的师德，端正年轻教师的价值观，增强其敬业意识、责任意识和服务意识，创建积极向上的和谐园所。

【研训对象】

教龄5年之内的青年教师（18—24人为宜）

【研训课时】

2.5小时（4课时）

【研训目标】

（1）通过研训理论学习，明晰《幼儿园教师专业标准（试行）》的基本理念，加强教师职业道德教育。

（2）通过多元化的研训方式，全面提升教师的师德水平和专业素质，规范教育行为，端正教学态度，落实常规教学，充分尊重幼儿的个体差异。

（3）通过小组讨论、情景模拟等研训方式，积极开展协作与交流，发展教师的团队合作能力。

【研训准备】

（1）主持人教具：制作好的演示文稿；相关法规文件打印稿；印有一日生活环节及年龄段的小纸条若干；幼儿园活动视频一段（3~5分钟）。

（2）教师用具：每组一份2开大小的浅色空白纸、一盒水彩笔。

【研训空间】

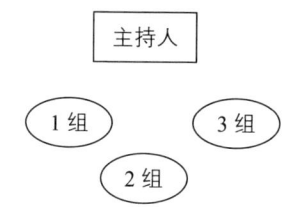

【研训过程】

环节一：播放PPT

1. 参与教师自由落座。发放相关法规文件打印稿，教师自主学习。

2. 主持人播放PPT，进行《让爱驻我心，与幼儿共成长》师德专题培训。

3. 主持人结合真实案例，为教师讲解体罚及变相体罚的危害、幼儿教师师德的含义、幼儿教师不宜有的行为、师德方面值得反思的问题等，引导幼儿教师做具有良好师德的新型幼儿教师，学会爱、学会尊重、学会宽容、学会合作、学会交流、学会支持，在实践和反思中提升师德素养。

环节二：主持人和参与教师共同讨论核心话题

（本环节采用情景模拟形式，进行交互式问答）

1. 主持人和教师自由交流。

（1）主持人：看了PPT之后，你想到了什么？你会怎么做？

（2）主持人倾听教师的回答，适时予以回应。

2. 通过抽签游戏、情景模拟，进一步明确一日活动中的教师行为规范。

（1）参培教师按照不同年龄段分组，教师按抽签内容扮演主班教师、配班教师和保育员，组合成一个班级后重新落座。

（2）采用情景模拟的方式，从生活活动、户外活动、游戏活动、学习活动等方面，按照抽签内容演绎保教行为要点。

（3）交互式问答方法。教师分别就一日活动中的某一环节，以及主班教师、配班教师和保育员的工作行为、注意事项进行问答。

（4）其余教师现场点评，主持人分别总结在一日活动各环节中，主班教师、配班教师和保育员的分工安排与规范行为。

环节三：帮助教师明确一日活动中的规范行为

（本环节采用"团队合作梳理提升"的方式进行）

1. 各位教师按自己所在年龄段重新分组落座。

2. 主持人出示空白图纸，教师进行小组合作。每组推选一名代表进行抽签，选出一日活动中的一个环节。每组推选一名记录员写出一日活动中的一个具体环节——来园活动、游戏活动、运动活动、生活活动、自由活动、学习活动、离园活动的注意事项，各个环节的核心发展价值、活动的目标、幼儿行为规范以及教师的操作要点。最后，每组推选一位发言人，说出理由。

3. 按照小、中、大三个年龄段分小组进行团队展示和发言，倾听发言人介绍，注意对比相同年龄段班级的不同指导要点。主持人进行点评。

环节四：观看一段幼儿园活动视频，引发教师思考

1. 播放一段幼儿园活动视频，重点观察三位保教人员的言行举止。

2. 引发教师思考"什么样的行为才是规范的保教行为"。

【研训拓展】

1. 研训教师建立QQ群，及时分享一日活动中的困惑与心得。

2. 组织教师撰写一篇《我的教育教学故事》，可以将撰写的案例上传至QQ群进行分享。

【研训展析】

年轻教师工作热情较高，拥有较扎实的专业知识，但是，他们缺少将理论有效转化为实践的经验和能力。本次研训活动让青年教师通过自主学习、理论培训、情景模拟、小组讨论、视频研讨、图纸展示等研训方式，自觉规范自身的教育行为，不断提高自身的师德素养。对来园、户外体育锻炼等一日活动各环节中主班、配班老师以及保育员的具体工作要求进行了细致、深

入的学习。本次教研活动通过案例研讨、实践研讨等，帮助年轻教师懂得如何把理念转化为具体的行动，并进一步明确了教师在一日常规中的职责，以及幼儿园一日常规的细节要求，同时也指出了教师在工作中经常忽视的一些问题。

只有认知上真正理解，年轻教师才会做出正确的教育行为，从而才能进一步感悟到幼儿的需要和教师的责任，有效地促进幼儿园一日生活常规的科学化、精细化和标准化，真正做到优化一日活动，提高保教质量。教师在活动中通过师德培训，明确在教育中要尊重幼儿，要给予幼儿足够的信任，应该根据各年龄段幼儿不同的侧重点，实施相应的教育教学活动。

通过任务驱动式、团体讨论式和作品分析式这三种研训方式，引导教师清楚地认识到教师专业能力建设的丰富内涵，它不仅包含教师的素养、教学能力、教学方式，还包含教师教书育人等多方面的能力。提高幼儿教师的专业能力不仅需要先进的理念，而且需要对幼儿全身心的热爱、无私的关怀。积极地实践教师职业道德规范，提高自身的思想道德素质；明确在教育过程中应该以什么样的情感、态度、行为和作风去待人接物、处理问题、做好工作、为家长服务。

【研训资料】

➢ 师德的魅力

陶行知先生说过："学高为师，德高为范。"说的都是为师者不仅要有广博的知识，更要有高尚的师德。优良的师德、高尚的师风是做好教育的灵魂。教师是幼儿的一面镜子，教师的言行举止、为人处世、衣着穿戴……都会在潜移默化中影响幼儿。孔子说："其身正，不令而行；其身不正，虽令不从。"一切师德要求都基于教师的人格，因为师德的魅力主要在人格特征中表现出来。

师德是一种精神的体现，是一种深厚知识内涵和文化品位的体现，每一位教师都要恪尽职守，成为师德的表率！

（江苏省南京市鼓楼区五塘幼儿园　陈萍）

10. "家园共同为特殊需要幼儿制订个别化教育计划"教研方案

【研训背景】

2012年，我为唐氏儿清清专门设计了适合他的一对一教育方案，即一项个别教育计划。2017年，在参加一次教师培训时，我听到了一个词——"个别化教育计划"。认真学习下来，我发现原来制订的个别教育计划其实是个别化教育计划的一个方面，是其支流。"个别化教育计划"这一教育理念来自美国，在制订和实施的过程中，特殊需要儿童应尽可能拥有与正常儿童共同学习的机会，且在最少受限制的环境中接受适当的教育。制订"个别化教育计划"需要多学科人员的通力合作，主要包括教育、医学、心理、社会等领域的人员，还有特殊需要儿童的家长。

在领导的支持下，我园组建了"个别化教育计划"制订团队，团队里有保健医生、教研组长等骨干力量。当然，必须要有家长参与。于是，在接纳语言发育迟缓儿童源源时，我带着全新的教育理念，邀请源源的父母一起参与制订源源的"个别化教育计划"。

【研训对象】

参与幼儿园学前融合研究组的教师（人数17人，包括家长2人）

【研训课时】

2.5小时（4课时）

【研训目标】

（1）通过深入理解和探讨研训内容，了解源源父母对源源真实的期望，帮助源源制订切实可行的提升目标，让早期干预做到实处，让教研做到有教可研，凸显我园学前融合教育的先进性，让家长感到放心、贴心、称心。

（2）通过资料分享、PPT展示、小组讨论等研训方式，发展教师的观察能力、思维能力、想象能力和团队合作能力。

【研训空间】

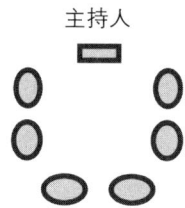

【研训过程】

环节一：分享教师培训学习心得，初步理解"个别化教育计划"

1. 教师自由落座，源源父母也准时出席。主持人播放PPT，展示外出培训的学习照片，讲解什么叫"个别化教育计划"，直观了解本次研训内容。

2. 大家可以自由提问。

环节二：采用交互式问答方法，共同讨论核心话题

1. 教师和源源父母互相介绍后，分别谈谈源源近期在园、在家的表现。

主持人：谁愿意说说源源最近有哪些进步或者变化？你觉得源源近期有哪些可以发展的空间？

2. 通过现场答疑环节，进一步讨论如何切实做好源源的早期干预。

（1）将17名研究成员分为源妈队和源爸队，保健医生和园长各在一队。重新落座，采用交互式问答方法进行提问和回答。

①源妈队提出如何在家训练源源的发音和知识的积累，源爸队回答源妈队提出的疑问。

②源爸队提出如何协调康复机构和幼儿园教师干预的时间点，源妈队回答源爸队提出的疑问。

（2）主持人充当评审角色，点评答案，总结得出"个别化教育计划"制订的重要性，团队需要父母参与的必要性。

3. 主持人倾听大家的回答，出示一份现成的"个别化教育计划"方案，帮助大家再次直观理解"个别化教育计划"的制订方法。

环节三：团队合作讨论制订"个别化教育计划"

1. 采用团队合作讨论的方式，帮助教研者梳理"个别化教育计划"的制订要求，初步掌握简单版"个别化教育计划"的制订方法。

2. 主持人出示空白"个别化教育计划"表格，全体教研者根据自己的研究进展进行思索，并当场讲述每个人的所思所想，引发讨论。

3. 主持人给予大家10分钟自由讨论时间，大家可以按照资源教师、融合班级、后勤团队、家长小组、保健专家5个小组自由组合。

4. 5个小组分别进行发言，现场制订源源的"个别化教育计划"，主持人点评。

环节四：再次系统梳理修改，引发教研者思考

1. 出示源源的"个别化教育计划"，再次调整修改，力求达到因材施教、因地制宜。

2. 观看前后对比的计划，引发教研者思考"个别化教育计划"的特点以及制订"个别化教育计划"的重要性。

3. 按照调整好的"个别化教育计划"，布置接下来的教研任务。

【研训拓展】

（1）将家长纳入融合教研群，及时掌握家长的需求，将源源的早期干预做到位。

（2）建议教研者利用园所优势和研究特点，尝试建立一套可以为不同特殊儿童提供参考的、具有园本特色的"个别化教育计划"模板。

【研训展析】

在这次研训中，大家群策群力，制订出源源的"个别化教育计划"后，每个人的脸上都露出了笑容，大家都感觉到了"个别化教育计划"的力量。的确，这份"个别化教育计划"的制订非常系统，它涵盖了语言发育迟缓儿童的现状、计划期限内的教育措施及相关服务、长期目标（年度目标）、短期目标（教学目标）、计划评定的方式、标准及评定日期。我园关于特殊儿童的课题研究有了具体的、可操作的方案，令人感到欣慰。

【研训资料】

➢ 个别化教育计划

英文全称 Individualized Education Program，简称 IEP，是指为接受特殊教育的每一位残疾学生而制订的适应其个人发展需要的教育方案。1975 年，美国国会颁布实施《全体残障儿童教育法案》，该法令要求地方教育部门在对残疾学生实施特殊教育之前，必须组织一个包括教育行政人员、任课教师、父母及学生本人（必要时）在内的小组，共同商定教育或训练的内容及措施，制订一份书面的教育方案。

➢ "个别化教育计划"的制订

个别化教育计划是针对特殊需要儿童的干预治疗所制订的教育计划。优质的个别化教育计划需要教育、医学、心理、社会等各领域人员的通力合作。每一位承担计划制订的成员需要协力配合，不仅让特殊需要儿童得到全面的支持和帮助，同时还为特殊需要儿童的家长提供有效理念与策略的建议。换个角度来说，"个别化教育计划"的制订既是团队的责任，也是每一个参与者的责任。

实践证明，有些特殊需要儿童的家长排斥幼儿园进行早期干预和帮助，原因有二：其一，担心给孩子贴标签；其二，对帮助者的专业性持怀疑态度。家长是孩子的第一任老师，家长是否配合会直接影响孩子的成长。因此，如果家长能够加入"个别化教育计划"研究团队，那么研究的透明性、公开性、专业性都有助于打消家长的顾虑，激发家长的信心。同时，家长参与研究，也是对教师的一种鞭策，使得教师的研究更接地气。

（中国电子科技集团公司第十四研究所幼儿园　尹晓鸣）

11. "基于园本资源特点的科学活动组织与实施"教研方案

【研训背景】

《3—6岁儿童学习与发展指南》提出"在探究中认识周围事物和现象"的目标，准确揭示了幼儿科学教育的特点。我园从所处的环境出发，选择具有理工科特色的、个性化的教育资源，挖掘出"电磁光"这一核心元素，作为幼儿科学活动的内容。教师结合本园开展科学活动的实际，有效地融合园本资源和科学活动，确立深化幼儿园科学活动建设的有效路径，进一步推进园本特色科学活动的组织和实施。在促进特色活动发展的基础上，提升幼儿园的教育水平，推动幼儿园科学活动特色的形成。

这需要教师充分利用园本资源，将视线转向关注幼儿，围绕幼儿的探究行为进行观察和研究，从研究教师如何教转向研究幼儿如何学；从研究教学内容转向研究幼儿在游戏中发生的学习；从研究教师的教学策略转向研究如何为幼儿游戏提供适宜的空间、环境和材料；从促进儿童发展到师生共同发展，更新优化科学特色活动组织的儿童观和教育观，探析科学活动的价值，掌握各年龄段儿童发展的基本规律与特点。

【研训对象】

幼儿园课题组教师（18—26人为宜）

【研训课时】

2.5小时（4课时）

【研训目标】

（1）通过园本资源研训内容的深度开发，掌握科学集体教学活动框架的搭建方法，关注幼儿在游戏化科学活动中的情绪、语言、状态等，形成具有园本特色的科学集体教学活动。

（2）通过经验回顾、活动现场观摩、唤醒游戏、集中讨论等方式，引导教师站在儿童的立场去观察、去操作，激发活动设计的新思路。

【研训准备】

主持人教具：自制PPT。

【研训空间】

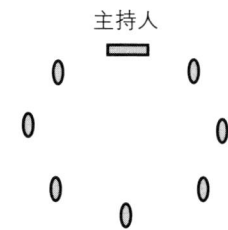

【研训过程】

环节一：介绍省立项课题当前的情况

主持人：我园围绕"电磁光"这一核心元素，开展幼儿科学集体教学活动和区域活动，同一个元素在不同年龄段开展，着力于游戏化的探究活动，紧密联系幼儿生活，科学探究与语言发展得到相互促进。

环节二：经验回顾

（主持人播放PPT）

1. 科学探究活动的实施步骤。

问题与思考：在科学探究活动中，可以通过什么策略来培养幼儿的学习品质、科学素养？

2. 科学探究活动中幼儿语言能力的发展。

描述性语言：鼓励幼儿运用所有感官，帮助他们用语言描述所感所知。在集体交流时间，鼓励幼儿谈论共同看到的和听到的经验。

比较性语言：刚开始理解关系词时会频繁使用比较性语言。和幼儿一起考察、探索、发现时，科学经验为幼儿提供了许多机会去学习事物的对立性质。

三类语言的发展：接受性语言、表达性语言、语义性语言。

环节三：活动呈现

1. 中班磁的探究活动《连起来的小汽车》目标。

（1）认识条形磁铁，感受不同磁铁的相吸和相斥。

（2）探究多个条形磁铁的玩法，并能大胆表述自己的发现。

（3）对磁铁游戏感兴趣，体会其中的乐趣。

2. 小班磁的探究活动《神奇的魔法棒》目标。

（1）在吸一吸、玩一玩、找一找的游戏中，感知磁铁吸铁的特点。

（2）鼓励幼儿一边探究一边表达，对比较、发现感兴趣。

环节四：唤醒游戏

1. 材料：各种形状的磁铁、回形针。

2. 游戏内容：教师玩磁铁与回形针的吸力游戏。探索不同磁铁、不同部位的吸力以及"磁化现象"。

环节五：核心话题

主持人与教师互动：基于对现场活动、儿童参与活动、师幼互动过程的观察，聚焦核心话题——"关注幼儿和教师在活动中的情绪、状态、相互关系及发展，关注幼儿语言能力养成中内容及策略的适宜性"。

环节六：研讨评析

1. 教师抽取扑克牌，按花色分成两组，围绕核心话题展开讨论。

2. 集中研讨，提出问题：如何使材料更加生活化？如何改变观念中的高控因素？如何设计探究过程中的情境？

3. 每位教师最后用一句话概括本次研训活动的收获和体会。

【研训拓展】

1. 执教教师将整理好的活动修改建议及活动反思上传至课题组微信群。

2. 建议开展"一课多研"，下次研训活动时再次开展修改后的活动，可以由课题组其他教师执教，以便发现新问题、做出新调整。

3. 归纳整理唤醒游戏中教师提出的关键词，以便总结和提升"磁"的科学概念。

【研训展析】

在幼儿园各个领域的课程中，原先课题组教师"谈科学色变"，但是在课题的建设中，教师对科学教育的目标取向、内容体系和方法途径有所了解和实践后，能够把握科学教育的学科特点和核心价值，了解幼儿园科学教育的基本内容和方法。

本次研训活动围绕经验回顾、活动现场观摩、师幼互动过程的观察进行研讨。课题组教师参与了小组研讨、大组研讨，在研讨环节频频互动，讨论气氛热烈。聚焦核心话题，采用抽取扑克牌的方式随机分组，帮助教师体验合作的价值，在潜移默化中形成团队文化。整个研训活动紧扣课题研究，通过唤醒游戏等环节让教师从儿童的视角体验游戏，注重游戏化、生活化在活动中的体现，感受教研带来的提升和成就感，通过活动有效促进了课题的后续开展。

【研训资料】

> 如何做好幼儿园园本特色课程

南京师范大学虞永平教授在《幼儿园课程建设的理念与思路》一文中提到：要理解生活、游戏、活动及经验之间的关系，它们是相互关联的，更多地关注幼儿的主动性、创造性、积极性是否被调动起来，要聚焦到幼儿多感官、多样化的生动活泼的活动上来。关注幼儿园现实的条件和资源，让幼儿投入到有趣的、有效的活动当中去，充实幼儿新的经验。

虞永平教授还提到，有的幼儿园你进去之后问老师："你们的课程是什么样子的？"老师就拿来一本书给你看："这就是我们的课程。"那么，这个老师认为课程是什么呢？就是一个文本，就是一本书。书不是课程。这本书如何演绎，不同的幼儿园演绎的方式都是不一样的。单单有书不能说明这个幼儿园的课程。这本书到了你的手上，你会如何演绎？你会如何去转变？你会如何去发展？这才是关键，这才是真正的课程。幼儿园的课程是做出来的，真的想了解一所幼儿园的课程，看书面的材料是永远不能真切把握的。要想了解一所幼儿园的课程，我们必须深入到班级，深入到活动过程，这样才能把握一个幼儿园的课程，所以课程是一个过程。

综上所述，要想做好幼儿园园本特色的课程，我们需要系统地挖掘本园的资源，生成能够服务儿童、促进儿童发展的科学活动。教师在组织实施过程中不断地提升能力，园所在此过程中形成科学特色，实现儿童、教师、园所共同发展。在特色活动建设不断完善的过程中，进一步挖掘和利用园本教育资源的潜在功能和价值，关注儿童与资源之间的有效互动，使整个特色活动建设的结构和实践历程相对达到最优，从而使儿童喜爱科学、亲近科学，促进儿童科学素养的养成。

（中国电子科技集团公司第十四研究所幼儿园　严欣）

12. "幼儿园创意动态门厅展"教研方案

【研训背景】

幼儿园环境作为一种"隐性教育课程",在开发幼儿的多元智能、促进幼儿个性和谐发展等方面发挥了独特的作用,《幼儿园教育指导纲要(试行)》明确提出:"环境是重要的教育资源,应通过环境的创设和利用,有效地促进幼儿的发展。"良好的幼儿园环境就像一个"会运动的生命体",会随着幼儿的身心发展而变化,幼儿在与环境的相互作用中可以不断促进自身的发展。因此,如何创设一个动态的幼儿园教育环境,让幼儿与环境实现真正的"对话",成为我们关注的焦点。此外,幼儿园的环境布置离不开幼儿在创意美术活动中创作的作品。幼儿的创意美术活动的目的并不在于强调幼儿机械地习得某种美术技能,而是把重点落在"创意"二字上。幼儿园美术教研组的青年教师拥有丰富的美术教学经验,但是实施创意美术活动的能力仍有所欠缺,因此需要不断地实践操作并与其他教师进行交流碰撞,在熟悉基本创意活动的过程中达到举一反三的效果。在实际操作中满足青年教师的潜在需求,让创意美术做到日常化、精细化并且具有班本文化的特色。

【研训对象】

幼儿园美术教研组全体组员(人数8人)

【研训课时】

2.5小时(4课时)

【研训目标】

(1)通过研训内容的深化和延伸,感受、发现并喜爱环境、生活和艺术中的美;通过自主探索、尝试各种不同的创作材料和形式,培养幼儿的探究、想象和创造能力。

（2）尝试根据班级幼儿的年龄与发展特点，在班级环境布置中凸显班本文化的特色。

（3）通过幼儿园门厅布展，发展教师的想象力、动手能力和团队合作能力。

【研训准备】

（1）主持人教具：制作好的演示文稿、4开大小的画纸、《我是儿童艺术家——学前儿童视觉艺术的发展》。

（2）教师用具：每组一份4开大小浅色空白纸、一盒水彩笔。

【研训空间】

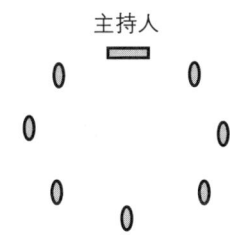

【研训过程】

环节一：展示书籍，了解活动内容

1. 参与教师自由落座，主持人展示书籍《我是儿童艺术家——学前儿童视觉艺术的发展》，大家自由翻看，直观了解本次活动内容。

2. 教师简短介绍自己所在班级，依此进行同年龄班级教师组合。

环节二：采用交互式问答方法，共同讨论核心话题

1. 主持人和教师自由交流，了解班级美术环境布置现状。

（1）主持人：谁愿意说说你现在在班级都开展了几次创意美术活动？活动内容是什么？是如何实施的？是如何布展的？实施过程中遇到了什么困难？收获了什么心得？

（2）主持人倾听教师的回答，出示演示文稿，了解开展班级创意美术活动的要点。

2. 通过现场答疑环节，进一步讨论实施创意美术活动的途径。

（1）三组教师分别采用交互式问答方法进行讨论。

（2）主持人担当评审，点评答案，总结创意美术活动开展中以及环境布置中的实践操作问题。

环节三：团队合作开展动态门厅布展

1. 主持人出示空白纸，引发全体教师尝试进行幼儿园动态门厅布展设计，并推选发言人一名，说出理由。

2. 教师进行小组合作，绘制设计图。

3. 按照小、中、大三个年龄段进行团队展示和发言，倾听发言人介绍，注意对比相同年龄段班级的不同布展方法，由讲师点评。

环节四：教师进行动态门厅布展

1. 教师根据前期讨论的设计方案进行实际操作，以小班组、中班组、大班组为组别，合作进行幼儿园动态门厅布展。

2. 各个小组进行讨论，对每组的动态门厅布展情况进行评析，撰写理由。

【研训拓展】

1. 研训人员建立 QQ 群，上传教师创意美术活动和布展心得。

2. 建议教师在环境创设的过程中，利用园所优势，尝试邀请班上幼儿自由结伴、合作创设。

【研训展析】

本次研训活动让美术教研组教师通过实景布展、小组讨论、图纸展示等研训方式，深入了解幼儿创意美术活动的本质是幼儿精神的体现，幼儿的艺术表现与创造首先表现为自发性，也就是说，幼儿生来具有艺术潜能，教师需要做的是鼓励他们，发掘幼儿的艺术创造能力并将其创作的作品与幼儿园环境相融合。

美术教研组教师在活动中通过梳理以往的美术活动和环境布置，选取具有代表性样本进行了探究。大家纷纷思考如何开展创意美术活动？环境创设与材料提供是否适宜？动态的幼儿园环境创设首先在形式上要体现变化性、流动性，这意味着环境创设要根据不同的环境特点来布置，突出环境本身的教育属性。

户外环境和室内环境的布置本身就有非常大的不同，开放的户外环境本身决定了与幼儿的互动情况，在布展的过程中，这一点很重要。在布展的过程中，教师大胆结合碳化积木、竹梯子、小石头、木桩等，创设了富有意境且便于幼儿互动的展区，同时加入了不同年龄段幼儿创作的富有创意的美术作品，进行了门厅环境的更新，也让幼儿参与进来，对自己的作品进行布展，体现了以幼儿为主体、教师辅助的理念。

【研训资料】

➢ 什么是儿童真正想要的环境

《我是儿童艺术家——学前儿童视觉艺术的发展》一书提到：儿童是主动的学习者，儿童在成人的支持和引导下按照自己的兴趣进行探索时，学习效果最佳。由于幼儿的年龄正处于情绪化阶段，他们的行为很大程度上受到情感的支配，而他们的情感十分外露、鲜明，抓住这一特点，开展丰富多彩的环境教育活动，让老师成为孩子的同伴、朋友，共同参与到幼儿园的环境布置中，真正做到将幼儿园的环境布置交给幼儿。当孩子们看到自己制作的作品布置在幼儿园的门厅里时，他们会自豪地告诉家人、同伴、老师，甚至路过的叔叔阿姨、弟弟妹妹——"这是我做的，这是我布置的。"这样的环境才是孩子们真正想要的环境。

（江苏省南京市鼓楼区五塘幼儿园　陈家萍）

13. "就幼儿前阅读核心经验进行提问"教研方案

【研训背景】

《幼儿园教育指导纲要（试行）》指出，语言领域的目标是要培养幼儿"喜欢听故事、看图书"，要"利用图书、绘画和其他多种方式，引发幼儿对书籍、阅读和书写的兴趣，培养前阅读和前书写技能"。《3—6岁儿童学习与发展指南》也提出要"培养幼儿的阅读兴趣和良好的阅读习惯"。结合以上要求，在教师理解幼儿前阅读核心经验的基础上，改变教师在语言教学活动中提问的主导地位，从而关注幼儿前阅读核心经验有的放矢地设计的问题。通过运用多种阅读策略，帮助幼儿关注图画书的关键信息，使幼儿逐步学会感知、理解图画书主角形象、主角行动以及主角情绪状态，进而形成对图画书从单个画面到整体情节的理解，最终完成对阅读内容的完整理解。

【研训对象】

在幼儿园工作5年以上的一线教师

【研训课时】

2.5小时（4课时）

【研训目标】

（1）在学习《学前儿童语言学习与发展核心经验》一书的基础上，探索、交流在教学活动中如何根据幼儿前阅读核心经验进行提问与互动。

（2）通过观摩、交流、归纳、总结、提升，理清教师的思路，明确阅读的意义以及提问的价值。

【研训准备】

（1）主持人教具：《学前儿童语言学习与发展核心经验》。

（2）教师用具：摘选章节"围绕幼儿前阅读核心经验进行提问与互动"，每人打印一份，每组一张空白铅画纸、一盒记号笔。

【研训空间】

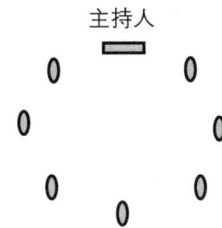

【研训过程】

环节一：介绍教研活动主题，了解活动内容

1. 主持人展示《学前儿童语言学习与发展核心经验》书籍，大家翻看摘选章节内容，了解本次活动内容——在绘本教学活动中，如何根据幼儿前阅读核心经验进行提问与互动。

2. 按教师就座的位置，依据一定的比例自然分组。

环节二：结合实践，分析读本，梳理教学活动中的重要提问

1. 开课教师说课。

2. 回归读本，分析幼儿阅读理解核心经验，寻找关键信息。

（1）主持人：每组请一名代表说一说幼儿阅读理解核心经验有哪些？

（2）主持人根据教师分析的核心经验，出示演示文稿，帮助全体教师厘清图画书情节发展的关键信息，要让孩子读懂，教师自己要先读透。

3. 在熟悉读本的基础上，研讨教学活动中的提问。

（1）主持人：谁愿意说说两节教学活动中哪些提问是教师提炼出来的、直接导向幼儿阅读理解核心经验的重要问题？是否有效？如何调整？

（2）主持人倾听教师的回答，同时整理教师寻找的教学活动中的重要提问，帮助教师梳理和调整提问的有效性。

主持人总结：通过整理，我们对两本图画书的关键信息以及教学活动中的重要提问已经有所了解，明确了教师提问的质量往往决定了幼儿核心经验

的形成，用通俗的话来说就是：要让孩子读得深，教师提问要精准。

环节三：回归理论，分组反思，经验提升

1. 主持人出示空白铅画纸，分组讨论：在两节教学活动中，从教师的重点提问看幼儿前阅读核心经验的习得。

2. 教师进行小组讨论，记录，从实践回归理论，发现和归纳阅读活动中幼儿能力的提升。

3. 分组发言，倾听发言人介绍，经验分享。

环节四：总结提升

主持人总结：幼儿需要在阅读过程中逐渐获得基本的阅读策略，如预期、假设、比较、验证等，这些策略的获得有助于幼儿准确理解图画书的内容，不断提高自身的阅读水平。

教学活动只是帮助幼儿理解的一种手段，我们要通过在活动中、在游戏中、在操作中、在创造中学习阅读，通过多种活动扩展幼儿的生活经验、丰富幼儿语言的内容，增强其理解能力和表达能力。

【研训展析】

本次研训活动通过教学活动观摩、理论学习、分析图画书的关键信息、分组研讨、集中分享、提升经验等，帮助教师再次强化师幼互动中教师提问的重要性，让教师明白作为早期儿童语言与发展的重要组成部分，前阅读核心经验是幼儿在终身学习中成为一个成功的阅读者所必备的。

以点带面，通过抛砖引玉的形式，观摩同伴教学活动，反思自身在教学活动中出现的问题，在明确阅读内容和阅读经验的基础上确定教育目标，再根据教育目标提出问题。尽量不要一次提出几个问题，通常情况下，如果教师一次提出几个问题，幼儿往往只回答最后一个问题。尽量用比较简洁的语言提出开放性问题，并且所提的问题要为幼儿提供清晰的思路。教师的问题越是清楚明了，幼儿思考的空间就越大。如果幼儿没有完全针对问题进行回答，那么教师需要有支持性的互动反馈，比如，进一步要求幼儿说说"为什么这样想""如果不是这样的话，会怎么样"等，聚焦目标的问题不一定是有答案的提问，有质量的提问更不是有标准答案的提问。

我们要不断提醒准备进行阅读指导的教师，在保证提供优质图画书的前提下，要注意做到阅读优先、欣赏优先和理解优先，分析每一本图画书的内容和形式特征。教师要坚持自己先阅读，站在教育者的角度，达成对图画书内容的深层次理解，从而把握图画书阅读教育的切入点。教师只有在获得深层次理解和体验的基础上，才能帮助幼儿更好地获得有意义阅读的学习机会。

【研训资料】

> 前阅读[1]

阅读是从书面语言材料中获取信息，建构和产生意义的过程。前阅读特指幼儿以图画书为主要阅读材料，以图画为主要阅读对象，从而获得图画书的内容，形成理解、获得意义的过程。

> 前阅读核心经验[2]

幼儿的前阅读核心经验由"良好阅读习惯和行为的养成""阅读内容的理解和阅读策略的形成""阅读内容的表达和评判"三个方面构成。

（江苏省南京市鼓楼区天福园幼儿园　石青）

---

[1] 周兢，主编. 学前儿童语言学习与发展核心经验［M］. 南京：南京师范大学出版社，2014.

[2] 周兢，主编. 学前儿童语言学习与发展核心经验［M］. 南京：南京师范大学出版社，2014.

14. "依据健康关键经验,有效促进幼儿健康发展"教研方案

【研训背景】

在教研员朱清老师、指导专家顾荣芳老师的带领及指导下,健康共同体成员不断推进对幼儿健康领域的行为习惯养成策略的深入、持久性研究。2014年暑假,江苏省南京市建邺区莲花北苑幼儿园进行了儿童活动馆的装修,其中,小厨房的打造是幼儿园关注的重点。因为在为期一年的班级小厨房活动的开展过程中,老师看到了幼儿生活能力的提高,感受到了幼儿的收获与进步。但是每天都开展班级小厨房活动,无疑给老师的日常工作增添了很多负担,而且在班级中对于桌子、工具的共用,在卫生保健方面也有一些做得不足的地方。因此小厨房的建成,是希望借助一个更加真实的场景,有效地促进幼儿健康发展。

生活是幼儿园课程设计和实施的现实背景,幼儿园的课程内容与现实的生活背景联系越紧密,幼儿越能感受和理解,所以课程内容应尽可能纳入现实的生活背景之中。幼儿园的炊事活动为幼儿提供了一个真实的生活活动场所,幼儿在真实的活动情景中面对真实的任务、真实的材料,使用真实的工具主动操作,为自己准备食物。活动中幼儿不断地解决真实的问题,获得真实的生活经验。这个多元的活动既涉及幼儿对很多事物(蔬菜、水果、粮食等)的认识,也涉及幼儿基本的活动技能(切、搓、团、捏、刮、包、洗等)的锻炼,还涉及幼儿的态度、情感和学习品质的养成。

当小厨房修建完成投入使用时,幼儿都在感叹:哇!我们的小厨房真好!他们对小厨房活动充满了兴趣,每周都充满期待。那么,如何真正地让

幼儿感受到小厨房的"好",充分发挥小厨房的作用,是教师需要思考的重点。小厨房活动开展的目的绝不只是让幼儿"学会制作各种食物,培养动手操作的能力"。我们希望幼儿能在真实情境的活动中,观察生活、体验生活、发现生活中制作食物与分享美食的乐趣,感受饮食与文化之间的关系,从小建立营养膳食和生活情趣的审美能力以及健康生活的观念。

我们在开展小厨房活动时努力挖掘其中的健康价值,以及所蕴含的其他领域的教育价值,但是,小厨房活动应如何引导幼儿主动学习、教师如何更好且更及时地给予幼儿经验提升和支撑是我们面临的困惑。

【研训对象】

健康共同体成员40位

【研训课时】

3课时

【研训目标】

(1)以促进幼儿健康成长为前提,梳理幼儿在学龄阶段应有的、必要的经验;在幼儿园提供炊事场所,让幼儿在真实的活动情景中面对真实的任务、真实的材料,使用真实的工具主动操作;在准备食物的过程中,研究出适宜的活动内容与实施策略。

(2)结合炊事活动过程中幼儿的实际表现,通过亲身体验、实际操作,让活动成为一个结构网点,以点带面,结成教育之网,让幼儿在主动获取关键经验中学习、成长。

(3)通过关注幼儿经验的获得,不断提升教师观察幼儿、解读幼儿的能力;通过炊事活动过程中的收获,鼓励幼儿获得成功感,体验自信的快乐。

【研训准备】

主持人准备:电脑、投影;生活区常见操作工具及材料。

【研训空间】

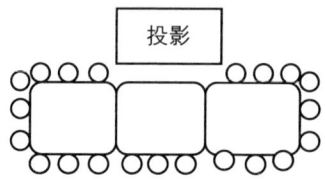

【研训过程】

环节一：主持人介绍教研主题

1. 介绍研修话题：依据健康关键经验，借助小厨房活动有效促进幼儿健康发展。

2. 阐述教研背景。

3. 介绍教研意义。

环节二：观摩活动

1. 观摩生活区低结构活动《包饺子》。

2. 通过观察记录，初步感知关键经验在炊事活动中的落实，记录落实过程中的感受。

环节三：教研团队发表观点

1. 围绕核心话题，教研团队开展研讨交流（15分钟）。

2. 集体交流，发表团队意见。

环节四：指导专家点评

1. 健康教育指导专家进行点评与提升。

2. 教研员进行教研现场的指导。

环节五：分享经验

1. 团队交流：基于健康关键经验的思考，对幼儿园炊事活动的工具、材料和内容进行研讨与筛选。

2. 各团队分享炊事活动中关键经验的落实途径。

环节六：总结提炼

以理论概念与实际操作相结合的案例为抓手，介绍幼儿园健康领域关键经验在炊事活动中的落实情况,总结主要策略。

【研训拓展】

1. 第二周,执教老师对活动进行了调整,使得小厨房活动有了很大程度的改善。执教老师对低结构活动的教案设计进行了优化,在活动设计时明确了关键经验,调整了活动设计的格式,在活动中进一步明确需要关注的方向。

主要环节	关键经验
1. 聊聊"吃饺子",迁移营养搭配的经验,引导幼儿自主做饺子馅。 教师出示芹菜、木耳、胡萝卜和肉,幼儿关注食材的颜色、品种,了解营养的全面性。	迁移之前活动中已有的平衡膳食的经验,教师提前了解班级中偏食、挑食的幼儿,引导幼儿知道芹菜、木耳、胡萝卜和肉样样都要吃。
2. 学习用对折、捏合的方法包饺子。 (1)幼儿自主尝试包饺子,与同伴相互检查饺子是否捏紧。在过程中发现问题、解决问题。 (2)煮饺子,了解为什么饺子皮要捏紧。 (3)教师示范,边念儿歌边包饺子,将饺子包得更美观。 　　一勺馅,放中间, 　　蘸点水,画一圈, 　　对折中间捏一捏, 　　中间一拎站起来, 　　两边折出小花边。	探究和尝试,学习的前奏。 使用透明锅煮饺子,让幼儿感知沸腾中变化的饺子,发现捏紧饺子的重要性,通过视觉感受捏不紧带来的后果。 执教老师与助手老师同步示范,幼儿直观感受如何让饺子包得更漂亮。
(4)幼儿再次包饺子,教师出示步骤图,引导幼儿关注环境中的图示,捏合的同时尝试包出好看的饺子,在练习过程中不断尝试解决问题。 教师巡回指导,引导幼儿用观察图示、学习同伴、请教老师等不同方法学习包饺子。	经验提升后的再次尝试,努力改正之前包饺子的不足,克服困难。 小组合作将自己面前的饺子皮包完,注意相互学习、教师指导,观察图示等学习方式的渗透。
(5)将桌面初步收拾干净,为煮饺子做好准备。	重视卫生细节:生熟分开、桌面清洁。分工收拾桌面,进行自我服务。

（续表）

主要环节	关键经验
3. 迁移已有经验，煮饺子。 教师巡回指导，关注幼儿安全，防止幼儿烫伤，同时用图示引导幼儿煮饺子的流程。	三人合作煮饺子，从加冷水、分饺子等方面关注幼儿合作性的发展。
4. 品尝午餐：香喷喷的饺子。	分享的过程中感受快乐。
5. 自我服务，整理小厨房。	养成良好的生活习惯。

2. 通过此次延续性教研，教师了解了在日常活动中应该如何开展小厨房低结构活动，后续活动中教师就有更多的精力去关注幼儿、解读幼儿、支持幼儿的需要和发展。

【研训展析】

1. 观摩《包饺子》的活动过程，了解执教者的思考和困惑。

（1）给幼儿最大限度去操作。以前的炊事活动大多由教师操作，幼儿旁观，或者以教师为主，幼儿只是在个别环节中提供协助。而开展小厨房活动以来，我们以幼儿参与为主、教师辅助。通过实践我们发现参与程度不同，幼儿获得的体验和发展是不同的。陈鹤琴提出的十七条教育原则中的第一条是："凡儿童自己能够做的，应当让他自己做。"在炊事活动中，我们遵循的原则是，只要在安全范围内，都要尽可能让幼儿参与制定食谱、准备食材、加工食物、品尝食物和清洗工具的全过程。这次活动从进入活动室的更换服装到最后吃完午饭后清洗碗，都是幼儿独立完成的，教师只是在他们完成不了的时候给予一些帮助，这样幼儿会更加敢于去尝试。

（2）给幼儿最多机会去探索、创造。在炊事活动中，我们鼓励幼儿尝试、探索、想象和创造，要不怕幼儿犯错误，将犯错误作为幼儿发展的契机，给予幼儿分析产生错误的机会，以足够的耐心等待幼儿行动、思考，并做出调整。每个幼儿都是不一样的，在包饺子的过程中，我们也充分感受到这一点。有的幼儿敢于创造，认为只要饺子是捏合的，就可以创造各种造型；有的幼儿包错了就不愿意再动手。此时教师应该发挥作用，为幼儿创设宽松的心理环境，让幼儿正视错误的原因，进行改正。

（3）细致观察，及时分析，调整指导策略。活动中，教师把握核心目标，而过程中关注个体差别，观察幼儿的操作情况，分析幼儿为什么这么做，了解幼儿在活动过程中会遇到什么困难。例如，在之前包饺子的过程中，有一个幼儿始终不能把饺子包起来。一开始让他和同伴学习，看旁边的小朋友怎么包，但他头也不抬。后来指导老师自己包好一个给他看，他悄悄把这个饺子从自己的托盘上推开，这时指导老师知道他是真的不会却又害怕与别人比，于是指导老师放低说话的声音，悄悄地教他怎么包，并且手把手地教他包好了一个饺子，之后他抬起了头，一个接一个包，再遇到问题也敢于寻求帮助了，和一开始判若两人。所以，在活动中教师的观察和策略的调整十分重要，要以个别指导为主，不能因为某一个幼儿而打断其他幼儿的活动。

2. 教研过程中，围绕关键经验、核心话题进行交流与分享，保证教研活动人人参与。

教研过程，是大家思考的过程、碰撞的过程。只有让教师都愿意、乐意呈现自己的思考和问题，才能解决遇到的困难，指导实践中的工作，提升自己的儿童观和教育观。在此次教研活动中，大家表示固定的小厨房场所为幼儿常规习惯养成奠定了基础。同时也发现，U字形场地不适宜开展集体活动，需要进行一些调整。此外，研训活动对教师在小厨房活动中如何更好地关注幼儿提出了指向性的要求。

3. 教研重点明确，专家引领指明方向。

在教研活动中，专家提升环节是老师们最期待的。专家会从整体上给出一定的架构和提升，让老师们茅塞顿开。此次活动为低结构化教学，没有明确的指向性，从教育教学上讲很有挑战性，需要在课程的大背景下进行研究。

专家提出的要点包括：①活动对教师的挑战性大，要求教师眼中有幼儿，对幼儿的水平认识到位。②教师观察幼儿的能力要强。③教师观察后要及时回应幼儿，照顾到全体幼儿（此次活动只关注到一部分幼儿）。④怎样支持幼儿的发展、如何在低结构的活动中有效利用高结构活动的优势、如何在时间较长的活动中关注幼儿的学习品质。专家的评析将教研活动提升到了一定的高度，使得教师进一步明确了开展小厨房低结构教学活动时需要关注的点。

4. 循序渐进，内化完善，碰撞出新的火花。

专家提升、教师分享之后，执教老师发现自己的思路更加明确，在活动中需要关注的点也更加清晰。现场参与教研的老师们对低结构活动也有了更加深入的了解。老师们在碰撞的过程中不断擦出新的火花，进一步明确了健康教育是生活教育，而生活是幼儿园课程设计和实施的现实背景。同时生活也是课程的内容，因为生活是具体的、可感知的，它富含了发展幼儿各方面能力和情感的机会。

【研训资料】

➢ 关键经验[1]

它是儿童在所处年龄段应有的、必要的经验，它在很大程度上决定了教育的内容：既包括知识，也包括知识的运用，具有教育目标的属性，对于选择课程内容和评估儿童发展具有直接的指导意义。关键经验具有如下特性：

①基础性。关键经验是儿童发展的经验基础，能为儿童学习和理解更复杂的概念和解决问题提供思维工具。

②连续性。关键经验是一个连续的生长过程，包括相关联系和前后联系，不同领域的关键经验是互相联系的，一个领域的关键经验可作为吸收其他领域经验的支撑；前涉经验为后继经验做准备，可以作为学习的新起点。

③层次性。关键经验与儿童的年龄特征相关，是渐进的、分阶段的，具有螺旋上升的进阶性。

④互动性。关键经验需要儿童主动地与他人和环境发生交互作用来建构，成人不能传授、灌输或包办、代替。

⑤反复性。关键经验不是一次完成的，而是在反复进行中逐渐获得的，否则很容易消失。

关键经验的价值：有助于将视线转向儿童，从儿童出发，强调儿童学习

---

[1] 顾荣芳，王艳. 3—6岁儿童健康领域的关键经验及实施路径［J］. 学前教育研究，2015（10）.

和发展的身心特点和基本规律，关注每个儿童的个体差异、真实体验和当下生活，保护儿童继续吸收经验的能力和终生学习的求知欲；有助于引导教师的专业发展，围绕关键经验的评价可以推动简单评价向积极促进式评价的转变；有助于幼儿园课程的发展，有利于厘清和凸显幼儿园课程各领域自身的规律和方法，促进各领域课程纵深发展，将发展目标、课程内容、评估指标紧密联系在一起，有效解决学科、主题的形式之争，同时还可以作为整合的突破口，实现各领域内在经验的前后联系和不同领域之间经验的相互联系，达到课程的深层整合。

（江苏省南京市建邺区莲花北苑幼儿园　郑敏）

15. "相关测量核心概念的数学区域创设"教研方案

【研训背景】

"哪个最大"是幼儿时期一再被提起的问题:搭积木的时候,幼儿会说:"我搭的房子高。"吃点心的时候,幼儿会说:"我的饼干比他的大。"玩雪花片的时候,幼儿会说:"我用的雪花片最多。"作为成人,我们知道解决这种具体问题,需要对物体进行全面的比较,知道每一个不同的属性在进行比较时都会有不同的方式。我们会借助直尺、卷尺或者量杯等测量工具,我们惯于推理,以至于忽略了这对幼儿来说是一个很复杂的过程。

数学核心概念为幼儿学习数学和思考奠定了坚实的基础。理解数学核心概念能帮助教师重新认识各种有意义的结构化活动,了解各年龄段幼儿的发展规律,达到寓教于乐的目的。本次研训贯彻课程游戏化项目指导精神,以数学测量核心概念为主要研究内容,共同学习《幼儿数学核心概念:教什么?怎么教?》,结合班级区域游戏内容,帮助青年教师理解幼儿数学测量核心概念,了解幼儿是如何学习这些概念的,能够判断班级幼儿理解或不理解什么,清楚接下来应该为他们提供哪种类型的经验。

【研训对象】

教龄2—5年的青年教师

【研训课时】

2.5小时(4课时)

【研训目标】

(1)通过研训活动启发教师在日常工作中,关注各年龄段幼儿的数学测量核心概念及其发展水平,并采取有效的策略与方法对幼儿进行指导。

（2）通过专题讲座、自由研讨，了解数学测量的具体内容，提高教师对幼儿测量游戏的认识与理解，并能根据幼儿年龄特点及发展现状，创设区域测量游戏。

【研训准备】

（1）主持人教具：数学测量核心概念讲座PPT、《幼儿数学核心概念：教什么？怎么教？》。

（2）教师用具：图片问卷"哪个最大"。

【研训空间】

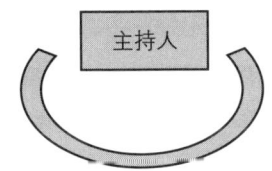

【研训过程】

环节一：采用问卷回答的方式，了解教师对测量内容理解的情况

1. 参与教师自由落座，发放图片问卷"哪个最大"，提问并思考。

2. 教师自由回答，阐述自己的理由。

环节二：采用交互式问答的方式，共同讨论核心话题

1. 主持人和教师自由交流，初步讨论测量游戏是什么。

（1）主持人：听到测量你首先想到的是什么？如果在班级中开展有关测量的游戏，你会怎么做？

（2）主持人倾听教师的回答，引导教师结合自己的实际工作谈一谈。

2. 观看日常幼儿游戏的照片，研讨观察游戏中出现的测量内容。

环节三：采用 PPT 讲座学习的方式，帮助教师学习数学测量核心概念的内容

1. 主持人播放 PPT，教师集体学习数学测量核心概念的内容，自由讨论对核心概念的理解。

2. 结合实例分析数学测量核心概念，帮助教师进一步理解、掌握数学测量核心概念的具体内容和要求。

3. 头脑风暴：主持人随机说出某一测量内容，教师根据测量内容说出相关游戏。

环节四：再次观察图片问卷，总结其他测量内容

1. 回顾图片问卷"哪个最大"？主持人：这 5 个瓶子罐子，你觉得哪个最大？为什么？

2. 主持人总结：在测量过程中，同一组物体哪个在某个维度上"更大"，在测量不同属性时是会变化的。

3. 教师在班级现有的区域游戏中找一找，都有哪些和测量有关的内容。

【研训拓展】

（1）建立以测量区域游戏为内容的观察记录册，及时分享日常工作中的研究结果及困惑。

（2）发挥同伴间相互学习的力量，青年教师以年级组为单位观摩、研讨各班的区域测量游戏。

【研训展析】

教师们针对幼儿数学测量的学习路径，即测量核心概念的理解、数学测量游戏内容及各年龄幼儿数学测量能力发展的现状等三个问题，由浅到深地进行交流研讨：

问题一：教师对数学领域核心概念比较模糊。

解决策略：开展专题讲座，针对教学测量核心概念展开讨论；结合实际教学中的例子，明确核心概念的具体内容；鼓励教师借阅《幼儿数学核心概念：教什么？怎么教？》《幼儿园数学活动指导手册》等与数学领域相关的书籍，自学、思考核心概念的内容。

问题二：数学测量游戏材料选择单一。

解决策略：一对一地讨论班级数学测量游戏的内容；从班级废旧材料中寻找有价值的数学测量游戏材料，引发教师的思考；引导教师大胆尝试，在游戏中注意观察幼儿与材料间的互动，撰写观察记录，及时反思幼儿的游戏状态与游戏材料间的关系。

问题三：各年龄段幼儿游戏内容相似，没有层次。

解决策略：教师对各年龄段幼儿数学测量核心经验不熟悉，不能很好地把握该年龄段幼儿的发展特点与现状。通过现场观摩与教师有针对性地进行讨论修改，形成各班级、各年级的特色。

【研训资料】

> 测量核心经验[1]

有关儿童数学教育的追踪研究表明，儿童早期的数学成绩不仅影响他们日后的数学学业，而且影响他们的阅读水平；不仅影响他们在校的学习成绩，而且影响他们成人后的就业能力。由于数学教育的特殊性，学校教育和教师对儿童掌握数学概念和发展数学能力起着至关重要的作用。

《幼儿数学核心概念：教什么？怎么教？》一书对测量的核心概念有着明确的解释：①无论对单个或多个物体，都可根据多种属性对其进行测量。②所有的测量都涉及"均等"的比较。③定量测量有助于更加精确地描述和比较。从技术角度看，对任一属性进行量化描述的过程都可称之为测量，如描述长度、周长、重量、温度、体温或数量。测量本质上是一个数学过程，它被运用到多种不同的环境，如空间和时间（像公里和月），其内容有直观的，如长度（高、宽）、容积（容器的大小），也有难以直接看到的东西（如温度、时间）。在测量的过程中，同一组物体哪个在某个维度上"更大"，在测量不

---

[1] 美国埃里克森儿童发展研究生院. 幼儿数学核心概念：教什么？怎么教？[M]. 张银娜，侯宇岚，田方，译. 南京：南京师范大学出版社，2015.

同属性时是会变化的。

> 区域游戏

《3—6岁儿童学习与发展指南》强调："幼儿的学习是以直接经验为基础，在游戏和日常生活中进行的。要珍视游戏和生活的独特价值，创设丰富的教育环境，合理安排一日生活，最大限度地支持和满足幼儿通过直接感知、实际操作和亲身体验获取经验的需要，严禁'拔苗助长'式的超前教育和强化训练。"区域游戏是幼儿非常喜欢的一种自我学习、自我探索、自我发现、自我完善的游戏活动，它具有宽松的游戏活动气氛，灵活多样的活动形式；它将幼儿的学习与生活融为一体，对于培养幼儿的主动性、创造性、独立性、促进幼儿身心全面和谐地发展具有重要的现实意义。

（江苏省南京市鼓楼区天福园幼儿园　梁芳）

16. "幼儿园歌唱活动与区域游戏的融合"教研方案

【研训背景】

《幼儿园教育指导纲要（试行）》提出："在艺术活动中要面向全体幼儿，要针对他们的不同特点和需要，让每个幼儿都得到美的熏陶和培养。对有艺术天赋的幼儿要注意发展他们的艺术潜能。"其传递的理念便是尊重儿童、科学施教，倡导教师要因材施教地激发幼儿感受美、表现美的情趣。在音乐活动的实施过程中，教师根据幼儿的发展状况及需要，对表现形式和技能技巧给予适时、适当的指导，让幼儿用自己喜欢的方式进行艺术表现活动，并能大胆地表现自己的情感和体验。针对不同年龄段幼儿的特点和生活经验，为幼儿歌唱活动游戏化与区域融合的开展提供较为成熟的方案。工作5年内的青年教师工作经验相对不足，需要一套清晰的歌唱活动游戏化与区域融合的流程，在帮助他们提高实践操作能力的基础上，起到举一反三的作用，让歌唱活动在区域的实施能够做到日常化、精细化，并且具有班本文化的特色。

【研训对象】

幼儿园音乐组成员及教龄5年内的青年教师

【研训课时】

2.5小时（4课时）

【研训目标】

（1）通过研训内容的深化和衍生，了解歌唱活动与区域融合的基本框架搭建，尝试根据班级幼儿的年龄与生活经验，在歌唱活动区域化中凸显班本文化的特色。

（2）通过现状分析、实景再现、小组研讨、实践操作等研训方式，发展教师的创造能力、实操能力和专业能力。

【研训准备】

（1）主持人教具：书籍《幼儿园音乐教育活动丛书：歌唱活动》

（2）教师用具：每组一份 A4 大小白纸、一盒水彩笔、钢琴。

【研训空间】

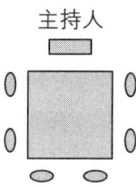

【研训过程】

环节一：展示书籍，了解各班歌唱活动的现状

1. 参与教师自由落座，主持人展示书籍《幼儿园音乐教育活动丛书：歌唱活动》，大家自由翻看，了解本次活动的内容。

2. 教师自由讨论，对本次活动形成直观的认识。

（1）主持人和教师自由交流，了解班级现有歌唱活动游戏化的情况。主要围绕本班幼儿歌唱活动的现状、现阶段歌唱活动教学的困惑、教师的指导以及现有活动流程进行研讨。

（2）主持人总结歌唱活动游戏化中的实践操作问题。

环节二：采用轮流问答方法，简短介绍班级音乐表演区的活动方式

教师简短介绍自己所在班级是如何开展音乐表演区活动的。重点围绕游戏主题的生成、开展游戏的现状分析、教师的指导策略，以及实践操作问题等来讲述。

环节三：采用分年级组讨论的方式，研讨如何将歌唱活动融入音乐表演区

1. 主持人出示音乐表演区图片，引发全体教师对自己所在年龄班级尝试将歌唱活动融入音乐表演区的经验分享。每组推选发言人一名，说出理由。

（教师按照自己所在年龄班级重新分组落座）

2. 对活动案例进行分享和反思，通过部分案例的学习，思考如何通过将

歌唱活动融入表演区游戏，让幼儿得到学习与发展？如何在活动中结合五大领域，让幼儿得到全面的发展？

环节四：教师现场展示研讨内容，引发教师思考

1. 研训成员按照小、中、大三个年级组，分为三个小组进行团队展示和发言。分组研讨，分析各个活动方案的亮点或不足之处。

2. 全体教师轮流发言，谈一谈对本班歌唱活动融入区域游戏的新的思考，以及该如何进行适宜的指导，从而促进幼儿的全面发展。

【研训拓展】

（1）研训成员建立 QQ 群，将调整后的区域游戏上传至 QQ 群。围绕游戏生成、材料的提供、时间、场地等方面交流区域游戏活动心得。

（2）建议教师在歌唱活动与区域游戏融合的过程中，利用园所优势，尝试同一年龄段幼儿自由结伴、交流合作、创立游戏社区，开展具有班本文化特色的歌唱活动与区域游戏融合的活动。

【研训展析】

本次研训活动针对不同年龄段幼儿的特点和生活经验，为幼儿歌唱活动游戏化与区域融合的开展提供较为成熟的方案。教师重点围绕游戏主题的生成、开展游戏的现状分析、教师的指导策略，以及实践操作问题等，简短介绍自己所在班级现今是如何开展音乐表演区活动的。按照小、中、大三个年级组，分为三个小组进行团队展示和发言，倾听发言人介绍，然后进行分组研讨，分析各个活动方案的亮点或不足之处。最后，全体教师轮流发言，谈一谈对本班歌唱活动融入区域游戏的新的思考及调整方向，以及该如何进行适宜的指导，从而促进幼儿的全面发展。

歌唱活动与区域游戏融合是为了让幼儿自由活动，主动学习。在音乐表演区，我们经常看到几个小朋友在一起分别充当观众与演员的角色，轮流进行一些歌曲及其他艺术形式的表演。他们如同真正的演员一样非常投入和尽情，强烈的表演欲望得到了满足，这也体现了教育活动以游戏为基本活动，寓教育于各项活动之中。

【研训资料】

> **幼儿园课程游戏化的内涵**[1]

一是幼儿园课程应游戏化，充满游戏精神，是自由的、自主的、创造的、愉悦的。这不是个别环节要做游戏，而是一日生活都要充满这种游戏精神。二是自由游戏时间要保证，不能被"教学"及其他教师直接指导的活动所代替。三是其他活动环节，尤其像集体教学活动环节，应尽可能采用游戏方式。

> **区域活动的基本认识**

教师要创设一个能使幼儿感受到接纳、关爱和支持的良好环境，避免单一呆板的言语说教，不断增强幼儿的角色意识，不断丰富游戏材料以增加幼儿的游戏兴趣。在游戏过程中，各个区域都可能出现时而人多、时而人少的现象。教师可以通过对游戏材料的丰富来增加幼儿参与游戏的兴趣。指导中，要时刻铭记幼儿的发展是一个整体，要注重领域之间、目标之间的相互渗透和整合，促进幼儿身心全面协调发展，而不应片面追求某一方面或某几方面的发展。

（江苏省南京市鼓楼区**五塘幼儿园** 蕫晓萱）

---

[1] 纪秀君. 访虞永平教授：课程游戏化只为更贴近儿童心灵［N］. 中国教育报，2015-06-28.

17. "健康集体教学活动与区域活动有效结合"教研方案

【研训背景】

本次教研活动围绕健康主题,探讨如何开展集体教学活动以及区域活动。根据小班幼儿刚升入中班这一特点,我们经过分析讨论将健康主题确定为"我长大了"。在确定主题后我们梳理了围绕主题的健康线索"饮食营养"。一方面中班的孩子在长大的过程中比较突出的问题还是饮食方面的问题,家长用了很多办法都解决不了,小班幼儿通过"威逼利诱"能取得一些效果,中班幼儿自我意识逐渐萌发,他们有自己的主见,因此要采取更加科学的教育方法,"以理服人",让中班幼儿在长大的过程中主动解决自己的问题;另一方面在参加课改组研究的这几年里,我们对饮食营养有一些心得,在已有经验的基础上开展健康主题研究,我们更加有信心一些。

在本次教研活动中,我们展示了健康主题下的集体教学活动《剥虾壳》,区域活动的内容是集体教学活动的延伸,比如,生活区"剥虾壳"、美工区"可爱的虾子"。我们的目的是通过集体教学活动,让幼儿了解剥虾壳的方法,自己能学会。我们希望通过这种集体教学活动向区域活动延伸的方式,使幼儿在集体活动中没有很好解决的问题在区域活动中得到有效解决,如个别能力弱的幼儿没有较好掌握剥虾壳的方法,需要教师一对一进行指导;幼儿依赖成人剥虾壳的心理依然存在,剥虾壳的主动性需要通过区域活动不断激发等。

但是,在研究的过程中,我们始终在以下几方面存有困惑:健康主题背景下的区域活动该如何开展?集体教学活动与区域活动的关系如何?我们使用的这种延伸方式对于幼儿来说是不是真的有效？是不是真正能够解决幼儿的问题？

【研训对象】

幼儿园健康组成员 8 位（3—6 年教龄），其他园所幼教同行 40 位

【研训课时】

3 课时

【研训目标】

（1）在集体教学活动、区域活动的观摩和研讨中，不断探讨、总结健康主题中集体教学活动与区域活动有效结合的策略。

（2）进一步研究、分析幼儿，采取多种有效的教学手段，解决幼儿的实际问题，不断拓宽研究思路，为更好地分析幼儿做准备。

（3）大胆表达自己在研究中的困惑，敢于和专家、姐妹园的老师们进行碰撞，不断提升自己的专业能力。

【研训准备】

主持人准备：打印与参会人员人数相符的纸质方案；投影、电脑、音响设备。

【研训空间】

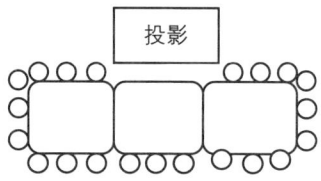

【研训过程】

环节一：主持人介绍本次教研活动的内容，提出教研任务

1. 主持人：欢迎大家的到来，今天我们围绕健康主题"我长大了"展示一个集体教学活动，另外还有一个主题背景下的区域活动。

2. 请大家关注健康主题中集体教学活动与区域活动有效结合这一核心话题，为不断拓宽研究思路提供帮助。

环节二：围绕核心话题进行研讨

1. 主持人：今天我们围绕健康主题"我长大了"中"饮食营养"这一线索，开展了集体教学活动和区域活动。通过这次观摩，请大家再次思考健康主题中集体教学活动与区域活动有效结合的问题。

2. 集体教学活动让幼儿了解、学习剥虾壳的方法，区域活动让幼儿剥虾壳的方法得以巩固。我们希望通过这种集体教学活动向区域活动延伸的方式，使幼儿在集体活动中没有解决的问题在区域活动中得到有效解决。

3. 研训存在困惑的地方：如何开展健康主题背景下的区域活动？这种延伸方式对于幼儿来说是不是真的有效？有没有更好的集体教学活动与区域活动相结合的方式？

环节三：执教者介绍活动

本次活动有两项延伸：一项是在表演区，把上课的一些虾头、虾壳等道具投放到区角，让小朋友们合作表演剥虾壳的过程，以此来巩固剥虾壳的方法。另外一项是在美工区，即制作可爱的小虾子，让孩子巩固对虾子外观的特征认识。

环节四：分享教学观摩后的感受

1. 幼儿园健康组组员以及其他幼儿园区组成员分享教学观摩后的感受。

主持人：我先抛砖引玉，说说我的感受。看完南京大学幼儿园的活动，我觉得所选题材、内容设置比较符合中班幼儿的年龄特点，活动也是比较流畅的，真正将健康的理念落实到了实际的行为中。

2. 其他教研人员补充：这位老师的教态非常好；与儿童互动很亲切、很自然，眼中有孩子；看到小朋友流鼻涕，立马递来了抽纸；还有老师非常注重自身行为对孩子的影响。

环节五：分析教学活动，促进教师专业成长

主持人：今天这个活动非常有意义，它与儿童的生活紧密关联，来自生活的需要，同时又满足了生活的需要。区域活动中吐一吐、剥一剥、撕一撕这些环节都来自生活的需要，执教老师对生活需要的把握非常准。

【研训拓展】

幼儿园主题区域活动的开展非常有必要,集体教学活动与区域活动有效结合,能够将健康行为、健康理念真正引入幼儿的生活,在此期间教师也发现了区域活动中存在的问题。

(1)游戏的深入性不够,游戏的创设需要教师更多地关注幼儿的表现,将游戏深层次的部分挖掘出来,以便让幼儿获得更多发展。

(2)健康主题活动无法延续,当月主题活动结束后,健康主题似乎就中断了,教师还需要设计能够贯穿小、中、大三个年龄段的健康主题内容,以便适合不同年龄段幼儿连续性发展的需要。

(3)幼儿游戏表现反馈不够及时有效,教师在观察幼儿游戏时无法面面俱到,往往会错失一些重要信息,系统地规划观察游戏的顺序和内容,有助于帮助教师更全面地评估游戏内容的适宜性。

【研训展析】

(1)通过调查表、谈话等形式,共同尝试分析幼儿的学习起点,设计区域活动。教师通过师幼谈话、个别观察、家园互动、经验调查等方式了解幼儿现阶段的健康发展情况,需要明确把握班级幼儿的学习起点在哪儿。所以我们对幼儿的观察了解和认识是一个长期的过程,需要耐心地去分析、判断,然后再设计与之相关的区域游戏,这也是健康主题下区域游戏与其他主题内容区域游戏相比最大的不同之处。随着区域游戏的深入,教师可以在生活中慢慢解决幼儿的健康问题。

(2)通过观摩健康教学活动,共同分析相应教学活动延续的区域活动内容。健康教学活动也是健康主题不可或缺的组成部分,集体教学活动有它的必要性,教师可以通过集体教学活动把握班级幼儿普遍存在的健康问题,熟悉幼儿的经验,引领幼儿找到解决问题的方法。可是集体教学活动的时间是有限的,而健康教育则是需要跟进发展的生活教育,如何将集体教学活动中的好的元素进行延续,继续影响幼儿的生活呢?区域活动便是很好的延续方式之一,通过区域游戏帮助幼儿不断巩固在集体教学活动中获得的知识。

教师应把握教学活动的重难点，根据教学活动的关键问题设计游戏内容，有的放矢地为幼儿提供反复练习和尝试的机会，真正帮助幼儿解决生活中的健康问题。

（3）通过观摩班级幼儿区域活动，共同评价区域游戏与幼儿的生活需要的关系。教师在创设区域游戏时常常觉得无从下手，不知道什么样的区域游戏适合幼儿，什么样的区域游戏幼儿乐于参与。其实答案就在幼儿本身——幼儿到底需要什么？如何激发幼儿内在的学习兴趣？如果教师抓住了这些，健康主题下的区域游戏也就随之产生了。教师的眼睛里应该时时刻刻有幼儿，关注他们的生活，关注他们的需要。区域游戏应该为了满足幼儿的生活需要而自然生成，这样的游戏源于幼儿，这样的游戏能满足幼儿的兴趣，这样的游戏让幼儿有了更多的自主性。

（4）结合幼儿园或者班级幼儿的实际情况，探索区域游戏中幼儿的多元化发展。健康的生活方式应该是多元的，教师在设计活动的时候经常出现不尊重多元性的情况，所以活动显得单一。教师应该为幼儿提供更多的可能性，健康主题背景下的区域游戏也一定要呈现这一点。我们不要强迫幼儿只用一种方式面对生活或者解决问题，我们必须承认健康的生活方式是多种多样的，无论是区域游戏方式还是最终的游戏成果，都不需要固定的模式。要想让健康成为一个多元的概念，区域游戏也应该体现这一点。

【研训资料】

➢ 身心健康的重要标志[1]

健康是指人在身体、心理和社会适应方面的良好状态。幼儿阶段是儿童身体发育和机能发展极为迅速的时期，也是形成安全感和乐观态度的重要阶段。发育良好的身体、愉快的情绪、强健的体质、协调的动作、良好的生活习惯和基本生活能力是幼儿身心健康的重要标志，也是其他领域学习与发展

---

[1] 中华人民共和国教育部制定. 3—6岁儿童学习与发展指南[M]. 北京：首都师范大学出版社，2012：1.

的基础。

> ➢ **区角教学模式**[1]

区角教学模式打破了传统的集体授课的模式,把游戏渗透到幼儿的学习之中,生活的全貌在幼儿的游戏中再现出来,让幼儿在周围环境的影响下,通过自身的操作实践活动及外部预设环境发生相互作用来获得发展。幼儿园可以设置生活角和安全活动室,为幼儿提供更多的活动机会,使幼儿无须受到"自己要与集体同步"的约束,在轻松、愉快、自愿的状态下养成良好的卫生习惯与生活能力。

> ➢ **可能的核心经验**[2]

孩子主动参与小组活动时,会以各种方式操作你提供的材料、谈论他们的发现、发现问题、解决问题、自动自发地讨论他们需要的额外材料以完成理想的作品。他们这样做时,自然会遇到许多高瞻的核心经验。成人的观察、互动、加入孩子的谈话等方式都能支持这些进行中的学习。

(江苏省南京市南京大学幼儿园　陈娇)

---

[1] 中华人民共和国教育部制定. 3—6岁儿童学习与发展指南[M]. 北京：首都师范大学出版社, 2012：60.

[2] (美) 米歇尔·格雷夫斯. 理想的教学点子3：100个小组活动经验[M]. 蔡庆贤, 译. 南京：南京师范大学出版社, 2004：13.

18. "语言活动中绘本教学目标的制订"教研方案

【研训背景】

著名儿童作家梅子涵说:"有一个事实我们应当知道,在一些儿童文学发达的国家和地区,走进书店的儿童图书区,扑面而来的一定是大量的绘本……"绘本教学的核心价值就是通过图画发展幼儿的语言,通过形象思维来锻炼语言的逻辑思维,并用色彩斑斓的图片激发幼儿的表达兴趣。

绘本对于幼儿的成长至关重要。美国著名儿童文学家波罗·福克斯曾经提出,"当你念书给孩子听,当你把一本书带给孩子时,你便带给了孩子无限的人生可能性,你便成为一个启发者。"参照绘本对于幼儿发展的诸多作用和相关的教育教学理念,教师在幼儿绘本阅读课程实施研究中,需要对幼儿的阅读进行指导、对课程结构的合理性做出布局和设置,针对幼儿不同的年龄段以及心理接受能力的差异,发挥教师的作用,充分调动幼儿学习的积极性。

教龄 5 年之内的青年教师对幼儿的了解比较深入,教学经验丰富,能够在绘本阅读教学中充分把握幼儿的心理特点,进行适时、恰当的引导。但同时也会出现一些绘本教学中的问题,例如,把绘本教学变成简单的故事教学,忽略了语言的价值。

【研训对象】

教龄 5 年之内的青年教师(18—26 人为宜)

【研训课时】

2.5 小时(4 课时)

【研训目标】

(1)通过研训内容的探究和深化,了解绘本教学课程结构的设置,对绘本《森林里的故事》进行研讨，制订这本书的核心目标。

（2）在幼儿心理年龄结构特点的基础上，根据不同年龄段幼儿成长发展的特点进行绘本教学研讨，展现出绘本教学对于幼儿成长的独特优势。

（3）通过优秀教师的示范教学，教师之间的小组讨论，梳理出教学核心经验，最后再由各个年龄段的教师去实践，发展教师的绘本教学教研能力。

【研训准备】

（1）教师准备：制作好的教学演示文稿。

（2）教师用具：每组一份2开大小浅色空白纸、绘本、粉笔。

【研训空间】

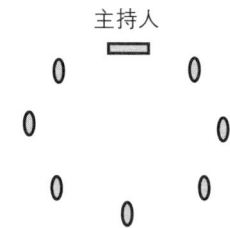

【研训过程】

环节一：展示绘本《森林里的故事》，了解活动内容

1. 教师按照教龄分组，进行班级自我介绍。

2. 教师了解本次活动的流程和内容，观看绘本，同时研讨这本书的核心目标，让幼儿通过绘本中精美的图片来了解森林里的故事，同时鼓励他们用自己的语言讲述故事。

3. 针对这本书的目标设定进行讨论，按照不同年龄段制订教学方案。

环节二：绘本教学课堂示范展示

1. 将教师分为两个组：教学组和观摩组。教学组经验丰富，首先进行示范教学，观摩组现场学习。

2. 教师根据本次绘本研讨内容，进行绘本教学展示。

3. 教师自由交流讨论，发表意见和看法。

环节三：总结梳理教师的教学经验

1. 分组讨论总结教师的教学经验，每个小组梳理出核心教学理念，选一名发言人来阐述本组的看法。（教师按照自己所在年龄班级重新分组落座）

2. 对绘本教学的经验和相关原则进行梳理总结，针对核心教学理念达成共识。

环节四：教师课堂教学实践，引发教师思考

1. 小班、中班、大班三个年龄段的教师进行教学实践，展示自己的绘本教学学习成果，并阐释自己对绘本教学的理解。

2. 教师之间提出有效的建议和意见，相互参考评价，检测本次学习研讨的成果。

【研训拓展】

（1）研训学员可以建立教师绘本教学研究微信群，以便在今后的绘本教学中更好地进行交流。

（2）建议教师今后注重幼儿的绘本教学，多观察幼儿在绘本学习中的发展情况。

（3）建议开展绘本亲子阅读，并在教室的区角投放与此主题相关的绘本等。

【研训展析】

本次研训活动是对幼儿语言研究的实践和突破，通过对幼儿语言能力培养的探讨，结合绘本教学活动，深入了解幼儿语言发展与思维能力的关系。利用绘本发展幼儿的语言能力，可以实现幼儿情绪的释放，培养幼儿体验各种情绪的能力。

教师结合自身的教学经验，探讨幼儿语言能力发展的方式和方法，鼓励通过多种途径发挥幼儿的语言天赋，激发幼儿的兴趣。对于幼儿语言的教学，可以以绘本为切入点，串联起语言与图画的关系。目前，部分教师对绘本的认识、研究不深入，开展绘本教学的能力有待提高。教师深入研究绘本，需要专家的引导，通过观摩绘本阅读示范课，让教师在听课、磨课的过程中不断成长，最终形成自己的绘本教学特色。另外，可以通过交流会的形式，让有志于绘本教学的教师谈谈自己的理解以及实践心得，组织建立网上交流群，通过网络平台进行讨论研究，以获得更多的资源，提高教师对绘本的选择和驾驭能力。

传统的师生共读、亲子共读、PPT演示阅读指导固然可以让绘本丰富幼儿的学习生活，但随着时代的飞速发展，教育改革的推进，我们需要探索更加科学合理、有情趣、富有创意的阅读指导方法和策略，引导幼儿进行多种形式的绘本阅读，让绘本融入幼儿的生活，滋养幼儿的生命，使幼儿养成良好的阅读习惯，提高幼儿欣赏、表达、沟通、分享的综合素养。

【研训资料】

> 语言能力

语言是人们进行交流和沟通的工具，儿童时期是语言发展的最佳时期，也是最迅速的时期。《幼儿园教育指导纲要（试行）》指出："语言能力是在运用的过程中发展起来的，发展幼儿语言的关键是创设一个能使他们想说、敢说、喜欢说、有机会说并能得到积极应答的环境。"由此可见，语言环境对幼儿是何等的重要。

> 图画语言[1]

"绘本是一座桥梁"，儿童在阅读绘本时，最大的特点就是会将自己的情感、意向投射到书本的角色当中，好像故事里的角色就是自己，跟着书中的角色一起悲伤、一起欢乐、一起成长。因此，我们要充分了解绘本的特征，多角度分析、思考，深入挖掘其教育内涵及深层意义，结合儿童的年龄、心理特点，为他们选择当下最适合的绘本阅读，让儿童在绘本中安静地成长，遇见最美的自己。

> 语言教学

在一日课程活动中，语言教学应该承担怎样的角色呢？从外部文化环境

---

[1] 黄玉娟. 走进绘本森林，照耀生命成长——儿童绘本阅读的有效策略研究［N］. 江苏科技报·教育周刊，2016-03-25.

的布置到班级图腾的设计；从绘本阅读课程的研发到创意绘本教学的展示；从师生、亲子共读共演绘本到学生进班级讲述绘本故事；从绘本文化讲坛到绘本阅读节的开展，我们用精彩纷呈的绘本活动给儿童带来不一样的阅读体验。孩子们拿起画笔，勾勒自己心中的童话故事；静静思考，明白成长、爱、生命、旅途的意义；师生共读共演，用纯洁的童心演绎出色彩斑斓的绘本舞台剧……此时，儿童穿行在图片与文字符号的美妙空间，主动探索，不断发现，通过丰富独特的想象，编织、创造、建构起属于自己的独特的故事，获得不一样的心灵体验。

（江苏省南京市鼓楼区五塘幼儿园　蔡燕）

19. "幼儿园班级阅读区的创设"教研方案

【研训背景】

贯彻《3—6岁儿童学习与发展指南》精神，在"课程游戏化"理念的引领下，我们在不断关注幼儿的兴趣与需要，创设班级阅读区的环境；从环境着手，从实际出发，不断丰富阅读区的内容，补充操作材料，同时进行幼儿阅读的持续观察。而阅读区活动依然存在不少问题：虽然教师有意识地提供了阅读区的材料，但幼儿自主阅读的兴趣不浓；幼儿在阅读区的活动时间过于短暂；幼儿很快就读完了一本书，处在不断选择绘本的状态。

作为一直关注幼儿阅读能力培养的园所，教师们继续学习《0—8岁儿童学习环境创设》，再次梳理操作材料，结合各个年龄段幼儿的年龄特点，在口语能力材料、语音意识材料、音素意识材料、单词知识材料方面进行研究；以"课程游戏化"为指引，以建构游戏化阅读活动为主旨，了解幼儿，并研究如何持续延伸和生成与阅读区活动相关的、幼儿感兴趣的区域游戏材料，如何最大程度地为幼儿提供适合的材料，与幼儿共同建构游戏的环境，促进幼儿愉快地阅读，使教师对于阅读区的观察与指导有进一步的认识。

【研训对象】

教龄8—13年的骨干教师（15—20人为宜）

【研训课时】

2.5小时（4课时）

【研训目标】

（1）亲身体验、参与阅读区的创设，了解幼儿阅读。

（2）尝试以口语能力材料、音素意识材料等为载体，进行班级阅读区材料扩充，设计符合幼儿年龄特点的阅读区游戏材料。

（3）感受团队的力量，集思广益，能从同伴的发言中得到启发。

【研训准备】

（1）主持人教具：制作好的演示文稿、白纸、黑板、《0—8岁儿童学习环境创设》书籍。

（2）教师用具：每组一份空白大卡纸、两盒水彩笔。

【研训空间】

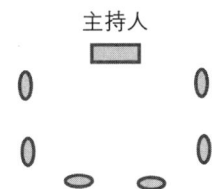

【研训过程】

环节一：展示PPT，回顾园所开展游戏化教研的现状

1. 参与教师自由落座，主持人讲述PPT，教师倾听，直观了解本次活动的内容。

2. 介绍活动流程如下：

（1）班级绘本区前期背景。

（2）学习《0—8岁儿童学习环境创设》后做出的调整。

（3）分享两个班级阅读区的案例。

（4）交流研讨。

3. 主持人讲述园所前期在班级阅读区创设中的研究。

（1）创设环境：安静且采光较好的地方；舒适美观；使阅读区更加吸引人和有趣；引导幼儿积极参与。

（2）在幼儿阅读方面补充了适宜幼儿年龄的、幼儿感兴趣的绘本，提供了纸笔等材料。

环节二：解读《0—8岁儿童学习环境创设》，各班级做出相应的调整

1. 主持人讲述调整的地方：为幼儿提供积极参与阅读和讲故事的机会；

提供与绘本配套的教具；回应幼儿的需求和兴趣；结合图书漂流区，在阅读区呈现墙面设计的三个块面。

2. 主持人和教师自由交流，了解班级阅读区的游戏情况。

（1）主持人：谁愿意说说你在阅读区是怎样为幼儿提供材料的？

（2）主持人倾听教师的回答，出示演示文稿，分享口语能力材料、单词知识材料等，结合班级幼儿的年龄特点再次细化。

环节三：分享两个班级阅读区案例并提出困惑

1. 主持人：班级前期在创设阅读区的过程中也会遇到一些问题，我们请两位教师代表来分享一下他们的案例。

（1）请一位大班教师分享班级阅读区创设案例及困惑。

（2）请一位中班教师分享班级阅读区创设案例及困惑。

2. 主持人带领教师现场剖析问题。

主持人：请大家结合刚才案例中的困惑，说一说你班上是否存在这样的情况？你是怎样应对的？

环节四：教师分两组，就核心话题进行参与式研讨

1. 主持人讲述案例中的核心话题，例如，"阅读区的幼儿未按照顺序进行故事创编和讲述，教师应如何指导并记录？""阅读区游戏材料投放一段时间后，幼儿游戏的持久性下降，如何辨别是什么原因导致的，怎样为幼儿提供更适宜的操作材料？"引发教师思考如何细化阅读区的创设。

2. 主持人出示白纸、黑板，教师按照自己所在年龄段灵活调整分组。各个小组进行讨论，分析困惑，思考解决方法，并记录可实施的策略。每组请一名教师代表发言，讲师进行点评。

3. 主持人进行教研小结。

【研训拓展】

1. 研训成员建立 QQ 群、微信群，将教师研讨后的策略建议上传至交流群，交流创设阅读区的一些心得。

2. 建议教师在进行阅读区创设的过程中，结合园所资源、家长资源等，尝试引导幼儿深入阅读，感受语言文字的优美与有趣，体会文学作品的意境。

【研训展析】

本次研训活动通过回顾教研历程、案例解读、小组讨论、经验分享、参与式研讨等方式，让骨干教师对班级阅读区的创设有了深入的认识。教师认识到在创设班级阅读区的时候，要遵循幼儿已有的生活经验，要注重材料的补充，同时也注意幼儿阅读品质的培养。

骨干教师在活动中通过探讨以往在阅读区创设中的一些困惑，选取代表性案例对班级阅读区创设进行了探究。大家纷纷思考阅读区中的绘本是否激发幼儿的兴趣？环境创设与材料提供是否适宜？以下是研训成员的感悟：

其一，经验是持续发展与变化的，教师在创设环境时，要提取幼儿的经验，并通过不同的途径丰富幼儿的经验，如在餐前、餐后环节中，教师可以让幼儿分享在阅读区的经验，展示愉快的阅读体验，培养幼儿的阅读兴趣。

其二，尝试在阅读区中运用其他一些载体，如音乐等；当出现这样的活动时，要充分支持幼儿的学习。但在前期的投放中，教师要作为支持者参与到幼儿的阅读活动中，以免因外在因素影响幼儿主动探索的积极性。

其三，教师及时观察幼儿的阅读与活动，应充分考虑幼儿的学习特点和认知规律，进行有机的联系，相互渗透，如在绘本剧表演、绘本角色游戏、国旗下绘本故事分享等游戏中，教师可以有意识地注重综合性、趣味性、活动性，寓教育于生活和游戏之中。

【研训资料】

深入了解游戏在幼儿一日生活中的重要价值，关注幼儿在阅读区的兴趣与需要，激发幼儿的好奇心，促进幼儿多方面能力的发展。

《0—8岁儿童学习环境创设》一书提出，"给幼儿提供积极参与阅读和讲故事的机会，与绘本配套的教具，回应幼儿的需求和兴趣"。教师可以结合图书漂流区，在阅读区呈现墙面设计的三个块面[1]：

---

[1] 朱莉·布拉德. 0—8岁儿童学习环境创设［M］. 陈妃燕，彭楚芸，译. 南京：南京师范大学出版社，2014.

墙面一：自由阅读的展现。满足幼儿画的需求，为幼儿提供纸、笔、胶、剪刀等，让幼儿既可以阅读又可以绘画。《3—6岁儿童学习与发展指南》也提到，"当幼儿遇到感兴趣的事物或问题时，和他一起查阅图书资料，让他感受图书的作用，体会通过阅读获取信息的乐趣"。

墙面二：幼儿讲故事的展示、照片。《3—6岁儿童学习与发展指南》指出，"鼓励幼儿用故事表演、绘画等不同的方式表达自己对图书和故事的理解"。

墙面三：进行绘本漂流的呈现。在阅读区创设中，与幼儿共同探讨，弱化进区规则，强化幼儿的参与阅读。环境是隐性的，材料是开放的，在阅读区创设中，教师要从幼儿出发，"相信孩子，要有一双善于发现的眼睛。"建构游戏的环境、激发幼儿的阅读兴趣，促进幼儿愉快的阅读及良好品质的发展。

（江苏省南京市鼓楼区天福园幼儿园　钱广娟）

20. "依据关键经验,指导幼儿园健康活动开展"教研方案

【研训背景】

在教研员朱清老师、指导专家顾荣芳老师的带领及指导下,健康共同体不断推进对幼儿健康领域的行为习惯养成策略的研究。近期,在学习高宽课程之后,大家对"关键经验"一词进行了很多交流,产生了诸多困惑,急切盼望可以通过团队的分享与讨论,逐步厘清"关键经验"的内涵和外延,并与幼儿的发展和成长进行有效连接,从而帮助教研团队中的教师使用健康领域的"关键经验",指导、反思班级健康活动的实效性,更好地指导实践工作。

针对大家的困惑和需要,确定从"幼儿健康关键经验发展与幼儿健康行为习惯发展之间的关系"这个角度进行教研分享活动。通过呈现大家的思考——健康领域的关键经验是什么?理解上的困惑有哪些?健康关键经验与幼儿健康行为习惯发展之间的关系是什么?在发言、倾听与讨论互动中,逐步厘清概念。

【研训对象】

健康共同体成员 20 位

【研训课时】

3 课时

【研训目标】

(1)通过案例分享、表达与交流等方式,分享健康案例中对关键经验的理解,寻找适宜的对策。

（2）在相互碰撞和思考交流中，在专家的引领和点拨中，逐步厘清"关键经验""健康关键经验"的概念。通过分享和内化，了解在幼儿日常活动中渗透健康关键经验的教育策略与方法。

（3）在积极倾听和勇于发表自己观点的过程中，感受团队教研带来的碰撞和提升。

【研训准备】

（1）主持人准备：电脑、投影。

（2）研训成员准备：白纸若干、12色水彩笔若干。

【研训空间】

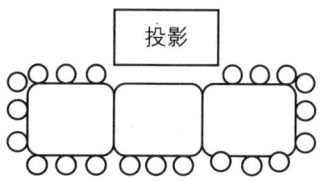

【研训过程】

环节一：主持人介绍研修话题及此话题提出的背景

主持人：教师们在开展健康活动中，常常使用"关键经验"这个词，那么"关键经验"产生的背景是什么？如何理解"关键经验"的含义？实践中如何有效利用关键经验？今天教研的主要内容便围绕这些问题开展。（主持人边说边把"关键经验"四个字打在投影上）

环节二：教师自由讨论，并分享观点

1. 参与教师分成小组进行交流讨论。根据前期自我理论学习和网上搜索的资料，自我梳理"关键经验"，并进行简单概括。

2. 主持人简述各组代表的发言内容，并将其展示在投影上。

环节三：指导专家分享与提升

专家就"关键经验""教育目标""教学目标"三大内容总结并进行分析讲解。

环节四：再次分组讨论，运用案例进一步阐释认识和实践

1. 提供白纸、水彩笔，将白纸分为两部分，分别将梳理后的"健康关键经验"和"关键经验"内容写在纸上，内化对"健康关键经验"的理解。

2. 根据日常活动，各组用一个健康（集体、区域）活动案例，诠释健康关键经验在健康活动中的落实情况，以及自己遇到的困惑。

环节五：专家再次分享与提升

1. 研究生团队发表观点。

2. 通过分析案例和活动，专家再次进行归纳。重点就健康关键经验如何指导健康教育教学实践活动进行答疑。

【研训拓展】

1. 后续教研中，针对每次的教研现场，大家持续进行分析：在今天的活动中，幼儿哪些健康关键经验得到了提升或发展？运用的策略是什么？在每次教研中，通过有现场感的分析，大家可以更好地理解健康关键经验落实在健康活动中的策略、方法及适宜性。通过不断的分析、对照，全面深入理解健康关键经验。不同的、多次的教研现场的分析和对照，让教师的思路更清晰，理解更深入，操作更有效。

2. 后续教研中，可以对照方法策略，将健康关键经验整理成文本，便于更多教师学习，并在不断推进教研的过程中，做进一步的优化和丰富。将教研结果及时地文本化，有助于大家积累相关经验，并关注到活动过程中较好地支持幼儿发展的策略和不足之处。同时教研活动的文本化有助于后续参加教研组的教师们更快、更好地进入教研活动中，和整体教研组的状态保持协调一致。

【研训展析】

（1）在前期准备中，了解参与者的思想和困惑。在"教研场"中开展分享式讨论的教研活动，需要确保每位参与者积极参与，让大家能真正有所收获和成长。所以，在教研前期，需要充分了解每位参与者的原有经验、困惑。此外，在活动前期，请大家准备一个活动案例，用以诠释自己对健康关键经验的理解，让老师们从思想上、心理上做好一定的准备。

作为主持人，需要准确找到教师当前的困惑和问题，并站在教师的角度思考，从理论和实践层面解决教师的困惑。只有理论没有实践的教研，最终不能落实到教师的行动中；只有实践没有理论的教研，容易走偏，不易进行积累和再延续。

（2）教研过程中，重良好氛围的创设，重人人参与的发言与分享。教研过程中呈现大家的思考是非常关键的。我们经常说"站在儿童的立场思考问题"，在教研中，我们也同样应该"站在教师的立场思考问题"。所以只有让教师们都愿意、乐意呈现自己的思考和问题，才能解决他们遇到的困难，指导实践中的工作，提升他们的儿童观和教育观。

作为主持人，如何创设人人愿意参与、人人愿意说话的教研氛围非常重要。主持人一定要关注以下几点：

①主持人相对中立，所说的话没有明确的倾向性。

②切忌打断参与者的发言，要让大家从容地说完自己的想法。

③每位发言者说完之后，主持人要关注其他人的反应——是否听懂？是否理解？是否有问题需要询问？

④关注是否人人都已发言或每个小组都已发言，给予大家公平的发言机会。

⑤如果在发言中个别参与者质疑他人的观点，需要关注质疑者的语言习惯，提醒大家针对事情提问。

⑥主持人可以用略带幽默与激励的语言，鼓励积极发言的教师，调节现场氛围。

我们邀请南京师范大学的本科生和研究生团队参与此次教研。作为教研伙伴，他们分享了关于"幼儿健康关键经验发展"的想法，帮助一线教师打开了更多的思维通道和空间。一线教师可以从他们身上学到更多的理论经验。

（3）调整教研节奏，适时邀请专家发言，突出教研重点。在教研现场，大家的困惑多容易堆积、主次不分，教研的话题容易走偏。而一个教研活动的时间是有限的，要解决主要问题、重要问题，主持人需要把控教研节奏。邀请专家及时解决教研中的主要问题和困惑，是一个比较好的策略。专家的发言可以再次聚焦当前的核心话题，可以提升大家的教育观、儿童观，并有效解决大家在教研中的问题和困惑。

（4）理论回归实践的再次讨论，让教研团队的理解全面、有效。从理解理论到行为落实，中间有许多的台阶需要教师们跨越，也是教师们是否理解理论的有效方法之一。用小组讨论的方法呈现"健康关键经验指导日常实践活动"过程中的关键点，将实践行为与理论知识点对应起来，在分享实践行为的过程中，进一步理解相关知识点。

在教研现场，我们无法用真实的实践行为呈现出对理论的理解，但可以通过描述实践行为、纪录实践行为、绘画实践行为等方式，呈现对理论的理解。大家通过边记录边思考、边思考边分享的过程，发挥团队学习的作用，全面理解理论，丰富实践经验。

【研训资料】

➢ 健康领域的关键经验[1]

健康领域分为"身心保健"和"身体运动与发展"两个子领域，其中

---

[1] 顾荣芳，王艳. 3—6岁儿童健康领域的关键经验及实施路径［J］. 学前教育研究，2015（10）.

"身心保健"着眼于保护,"身心运动与发展"着眼于锻炼。

"身心保健"子领域下辖5条关键经验:"情绪安定愉快""具有一定的适应能力""具有良好的生活习惯与卫生习惯""具有基本的生活自理能力""具备基本的安全知识和自我保护能力",将身心保健与心理、社会性、认知相联系,然后分别展开。

"身体运动与发展"子领域关键经验的特点:

(1)依据儿童运动发展理论,按"粗大动作"到"精细动作"到"体质描述(力量、耐力)"再到"空间知觉和身体控制"的顺序进行架构,体现了动作发展从移动能力到非移动能力再到操控能力的规律性和系统性。

(2)将动作分成"粗大动作"和"精细动作"两类,既与其他多国发展指标的分类一致,也符合幼儿园教师以往的思维习惯,便于他们在实践中对照操作。

(3)将"保持正确的姿势"作为"运动与发展"下首条关键经验,因为正确的姿势既是运动发展的基础,也凸显了健康教育创造儿童身体美、有助于儿童感知和体验身体美的作用。

(4)保留《3—6岁儿童学习与发展指南》里的"具有一定的平衡能力,动作协调、灵敏"这条发展目标,将之归入体质健康而不是动作发展,分散在"粗大动作"和"精细动作"的能力描述中。

(5)增加"空间知觉及身体控制良好"这条关键经验,因为"空间知觉"属于动作发展范畴,也是对儿童发展来说很有必要的内容。

> **健康领域关键经验的实施路径**[1]

(1)在课程理念中嵌入健康领域关键经验。

第一,教师头脑中要有健康关键经验的意识。

第二,要捕捉儿童关键经验的发展机会。无时无刻不是教育契机,教师要提升对儿童发展的敏感体验,视线与儿童对接,而不是追随课程文本,围

---

[1] 顾荣芳,王艳. 3—6岁儿童健康领域的关键经验及实施路径[J]. 学前教育研究,2015(10).

绕关键经验生成课程，抓住健康问题的特殊时点，有的放矢地进行随机健康教育和及时行为培养。

第三，用关键经验扫描课程资源。教师应根据对关键经验的理解来搜索、选择、发掘课程资源，然后将关键经验分解到具体的课程资源设计和提供上，实现课程资源的多样性和有效性。

第四，围绕关键经验创设物质环境、心理环境和信息环境。

第五，在各领域中渗透健康关键经验，进行领域整合发展。健康领域与其他领域的整合是必要的，因为"学前儿童健康的价值和学前儿童成长的特点，决定了托幼机构在进行任何领域的教育时都必须将维护和促进学前儿童的健康放在首位"，这需要教师真正持有健康第一的教育观念，自然地将健康领域与其他领域进行本质性融合。

（2）在领域内将关键经验做深做透。

第一，关键经验与主题内容有机结合。关键经验是领域教育的基础，主题活动是经验群的集合，教师在明确和把握健康领域自身固有的特点和规律的基础上，可以通过主题发展促进儿童关键经验的发展。为此，教师需要理解关键经验的生发特点，以关键经验的发展路径为基础，根据关键经验的认知地图来设计主题路径展开图，以关键经验为经线，以儿童现状为纬线，交织互动，相互促进，循序渐进。

第二，将关键经验融入生活中。儿童健康教育的发展历史经历了由单一的日常生活教育或单一的健康教育活动向日常生活教育和健康教学活动相结合的发展，可见健康领域关键经验的落实离不开日常生活。

第三，教育途径多样化。教师要采取适合儿童的教育方式，将关键经验嵌入合适的教育活动中，高效而全面地带动儿童发展。除了健康教学之外，日常活动、区域活动、小组活动、家园活动、游戏、个别交流等活动都可以实现健康领域关键经验的发展，延续儿童的经验生长，增强教育的过程性和有效性。

（3）通过具体活动形成结构网点。

第一，在活动中落实。活动是发展儿童关键经验的重要渠道，从活动准备、活动过程到活动延伸，要紧紧围绕儿童经验，教师不仅应保证教案实施的完整，更重要的是应对儿童的现有经验和促进经验生长。

第二，在活动间落实。如可以利用活动间隙，针对个别儿童的问题进行差异教育，支持和保护儿童关键经验的连续性。教师不仅要重视活动环节的过渡，更要重视儿童的即时状态。此外，还可以利用关键经验设计减少等待时间，提供其他活动代替静坐，避免让儿童长时间坐着不动。如活动间可请儿童帮忙递东西或传话，让儿童活动起来，同时学习"在教室里走动不碰到桌椅和其他设备"等关键经验。

第三，拓展活动空间，进行活动整合。让每个活动成为一个结构网点，以点带面，撒网式铺设。没有一条关键经验只能在一个活动中进行，也没有一个活动只能发展一个领域的关键经验，一个活动中达成的关键经验可以是跨越多个领域的，有效的活动可以包含若干个关键经验，众多活动覆盖领域各层面的关键经验，而关键经验之间是相互联系的，从而可以带动儿童整体、全面发展。

（江苏省南京市鼓楼区教师发展中心朱清设计，
江苏省南京市南京师范大学幼儿园周洁整理）

实践篇 幼儿园教研活动设计方案

21. "了解幼儿跑步动作发展特点,促进体育活动开展"教研方案

【研训背景】

江苏省南京市鼓楼区一中心幼儿园青年教师研究小组在"健康第一,乐动成长"理念的引领下,不断进行日常各项体育活动的学习与教研。上学期在户外体育游戏教研方面已经积累了不少经验,这学期大家对幼儿体育活动的组织产生了很多困惑。作为最常见的基本运动之一,跑步受到教师们的关注,各年龄段幼儿跑步的能力存在怎样的差异?如何根据幼儿不同年龄特点,采取相应的教学方法与策略?希望可以通过教研活动,这些问题逐步得以厘清。

本次教研活动从"了解各年龄段幼儿跑步动作发展特点,促进体育活动开展"这个方面进行现场观摩、讨论、交流与学习。参与教研的教师查找与该主题有关的理论知识、观察幼儿日常跑步动作的表现、思考组织实施的问题与困惑,进行互动交流,理解观察、了解幼儿的重要性并逐步明晰幼儿的发展特点与教育策略的关系,更好地开展日常教育教学工作。

【研训对象】

新手教师9位(三年内)

【研训课时】

4课时

【研训目标】

(1)通过活动观摩、交流与研讨,了解教师对执教年龄段幼儿跑步动作特点的理解与组织活动中遇到的困惑,并寻求开展日常体育教学活动的基本

方法与有效策略。

（2）在日常观察、理论学习、现场观摩和思考交流中，明白观察了解幼儿的重要性，逐步厘清不同阶段幼儿动作的发展特点，并通过分享和内化，逐步掌握幼儿日常体育活动中的教育策略与方法。

（3）在教研过程中，积极倾听、勇敢表达、团队协作，不断提高自身的教研能力。

【研训准备】

（1）活动前期自行查找、学习相关理论，并对本班幼儿日常跑步行为进行观察。

（2）电脑、投影、桌子；黑板、粉笔、白纸和水笔；观摩活动需要的体育器械。

【研训空间】

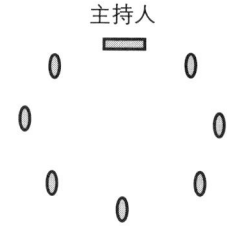

【研训过程】

环节一：提出本次教研核心话题

1. 参与教研的教师以所执教的三个年龄班，分成三组落座，并推选一名组长。

2. 组长介绍本次教研背景及核心话题。

组长：新教师在开展体育活动中，最害怕的就是以跑为基本活动的体育活动，总是担心控制不住幼儿而产生摔跤、碰撞等安全问题。在这样的背景下，我们首先应该了解各年龄段幼儿跑步动作的发展特点，才能在日常体育活动中有效组织此类活动。

环节二：交流、分享教师自身的经验与困惑

1. 教师根据日常活动及前期自我理论学习，分组进行交流在日常中观察执教各年龄段幼儿跑步的动作特点以及在组织活动中遇到的困惑。

2. 提供白纸、笔，将白纸分为三块，首先将"幼儿跑步动作特点"和"教学困惑"两方面内容进行罗列。

环节三：分别观摩小、中、大班幼儿的体育活动

（此环节在体育活动场地进行）

组长：下面我们请三位老师分别展示小、中、大班幼儿的体育活动，请老师们针对以下两个要点进行观察和记录。

要点1：验证与补充刚才分组交流的幼儿跑步动作特点。

要点2：根据幼儿某一动作特点，执教老师采取怎样的策略，是否合适。如果是你，你会采取怎样的策略。

环节四：分组交流，补充完善

1. 教师再次分组交流，通过观摩活动归纳、补充各年龄段幼儿跑步动作特点，并新增第三块"组织策略"内容。

组长：刚才我们分别观摩小、中、大班三个活动，在观摩记录过程中，老师们针对幼儿的动作特点是否有一些新的发现？针对活动中教师的组织策略是否有一些新的启示？请大家在第二环节的基础上进行补充与完善。

2. 提供黑板，请各组教师总结"幼儿动作特点""困惑""组织策略"三大内容并进行展示，各组请一名代表说说本组的观点。

环节五：总结归纳

结合理论，归纳、对比、提炼如何根据幼儿跑步的动作特点组织体育活动，并进行小结。

组长：今天上午，我们通过自身前期经验的唤起、现场活动的观察、活动后的反思总结这三大环节了解了一些幼儿跑步动作特点及组织策略，希望大家能够将今天的教研思路运用在日常的教育教学中，不仅能够有自信地组织跑的体育活动，更能组织好其他的教学活动！

【研训展析】

（1）以教师为主体的真实问题教研。教研活动的目的是真正解决教师遇到的问题，教研活动的内容应源于教师的现实需要，这才是关于真实问题的教研。我们都知道教师是教研活动的主体，因此要关注教师的经验，了解主体的需要，才能确保每位参与者积极、主动地参与。新手教师懂得许多理论知识，但缺乏日常活动组织与实施方面的经验，因此，结合新手教师的特点，应切实地加强教学实践，真正解决教师在日常教学中遇到的困惑。在教研前期，我们针对教师们在日常体育活动中出现的问题与困惑进行了讨论，梳理出关键问题，站在教师的角度，制定本次教研话题与重点。

（2）理论与实践相结合的教研。只有理论没有实践的教研，最终无法落实到教师的行为当中；只有实践没有理论的教研，也容易走偏。因此，我们将理论学习及实践紧密结合在一起。在进行此次教研之前，教研组长提前提供关于"跑"的各年龄段幼儿发展特点及组织策略的学习文章，也请组员查找一些理论文章。这样给予本次参加观摩活动的教师一定的理论支撑，有助于其在设计与组织"跑"的教学活动时产生启发，也避免新手教师过于紧张；另外在进行教研讨论时也可以结合观摩现场很好地进行梳理，将理论与实践紧密结合在一起。

（3）自主自学和集中学习相结合的教研。目前教师工作量大且涉及本园班级数量较多，青年教师组的教研为每月进行一次，每次组织的教研活动时间短、内容多、效率高。因此，我们对学习内容先进行预习与思考，在教研活动的时候进行交流，共同讨论困惑及启发。这样做一方面避免了因枯燥的理论学习而带来无效学习；另一方面也避免了集中学习时因参与度低而变成"一言堂"。通过自主学习、现场观摩，我们将理论与实践进行比较、归纳，取得的效果很明显。新手教师大多在教研中不敢发言，怕说错，对自己缺乏自信。前期的自主学习可以大大提高教师们的参与度，使教师们有话想说、有话要说，从而产生有效的互动。

（4）各年龄段活动相结合。教研组的9位新手教师所带班级幼儿分别处在小、中、大三个不同的年龄段，在每次的现场活动中，我们都安排不同年龄段各一节观摩活动，这样参与者可以看到三个不同年龄段幼儿的状态。这种比较学习方式有助于很好地对比不同年龄段幼儿的特点，在更丰富的层面进行归纳与总结。

（5）预设内容与生成内容相结合。一次教研活动首先应该保证按照计划的内容进行教研，但新手教师在日常活动中会遇到很多问题与困惑，在时间允许的情况下，我们会当场解决一些问题。通过交流，组员可以介绍自己的经验，相互学习。当场解决不了的问题将成为讨论的焦点问题，可以结合下次现场观摩进行焦点互动式研讨。比如，在这次教研活动中，三位教师对于教师讲解基本动作示范时的站位有一定困惑，那么在制订下一次教研计划时，我们会安排一个环节，针对这个问题进行专门的讨论。

【研训资料】

> 幼儿跑步能力的发展特点[1]

3—4岁时，幼儿跑步动作仍保留较多的早期特点：步幅小而不均匀，20米快跑步幅均值在58~73厘米，步幅时大时小，两脚步幅差别也明显；控制跑动方向的能力仍很差，直线跑跑不直，跳动中改变方向费力而迟缓。这充分说明了3岁幼儿起动、制动、转身和动作转换速度很慢；此时期跑的稳定性明显提高，但稍有碰撞或是地面凹凸不平还是容易摔倒；跑的耐力差；速度意识和竞赛意识缺乏，对他人和自身跑速的知觉和评价能力低，对自己跑速调节的意识也弱，对竞赛胜负并不关心；跑步活动的目的性和计划性很差，抗疲劳能力和克服困难的精神弱。

4—6岁时，幼儿跑步能力发展迅速，无论是跑的技能、速度和耐力还是心理素质都有明显的变化。跑速、步幅、步幅/身长仍以较快的速度发展着。6岁时早期跑的特点已基本消失，步幅增大。动作比较协调、放松，控制跑动方向能力、跑的稳定性都明显提高，在集体教育环境中，5—6岁幼儿速度

---

[1] 黄世勋，编著. 幼儿园体育创新——基础理论和方法[M]. 北京：教育科学出版社，2003：51-52.

意识和竞赛意识很强,特别是男孩爱比赛,对胜负的情绪反应较强,跑动中能够有意识地克服疲劳和其他一些困难,表现出较强的意志力,跑步的目的性与计划性比较明确。

> **幼儿跑步能力发展的指导**[1]

(1)帮助幼儿提高身体的供氧和供能能力。跑步时需要身体及时地供应大量的氧气和能量。呼吸和循环系统的机能强,身体内的营养储备丰富,则供氧、供能能力就强,跑步能力发展就有好的物质保证。

(2)注意发展有关的运动素质。发展有关的运动素质是提高跑步能力的关键。不同的跑步对运动素质的要求也有差别。四散追捉要求有较高的速度、速度耐力和灵敏素质,20米快跑要求速度素质更高,5米往返跑则需要有好的灵敏素质。但它们都要求下肢有很好的爆发力和柔韧性,要求有较好的放松肌肉的能力和协调性。可采取不同的方法来发展这些素质。

(3)帮助幼儿改进跑的动作。改进跑的动作不仅能提高幼儿的跑步能力,而且通过它能使幼儿懂得一些科学道理,如屈臂摆臂能跑得既省力又快,用力向后蹬地能跑得快,上体稍前倾就跑得省力。更重要的是通过改进跑的动作使幼儿养成一种心理定式,即做任何动作都要力求合理、省力且效率高。这种操作活动中的更改意识、效率意识不仅对幼儿自身发展有深远的影响,而且对人类的操作技术的发展,对社会生产的发展都具有直接的推动作用。用榜样法、游戏法来帮助幼儿改进动作,同时在讲解动作时,语言应符合幼儿知识经验和理解能力。

(4)注意跑步中的安全。幼儿在跑步活动中容易出现损伤,一种是由于摔伤或碰撞而造成出血、软组织扭伤、挫伤,甚至骨折,或者由于空腹跑步,或负荷过大,造成虚脱;另一种是由于负荷过大,长期疲劳积累成的慢性损伤,如胫骨骨膜炎、心脏疾患等。因此要认真细微地采取安全措施,保护儿

---

[1] 黄世勋,编著. 幼儿园体育创新——基础理论和方法[M]. 北京:教育科学出版社,2003:189–193.

童健康:合理安排身体负荷;场地要平整,力争在较软的地面上跑,尽量不在混凝土场地上跑;场地中不要有碎石和其他坚硬的物品;要穿软底鞋,衣鞋要合适,便于跑动;帮助幼儿掌握正确的呼吸方法;跑后要擦干汗,如衣服湿了要及时更换。

(江苏省南京市鼓楼区一中心幼儿园　黄茜)

22. "幼儿园日常生活中安全教育的策略有效性"教研方案

【研训背景】

在南京师范大学顾荣芳老师、教研员朱清老师的带领下,我园从2010年以来与健康共同体姐妹园共同探究,在日常生活中关注幼儿的健康行为。"教育即生活",教师在关注幼儿安全行为的过程中,应以幼儿为主体,健康教育应回归到儿童的一日生活之中。在进行健康活动研究的过程中,我园梳理了健康领域几个关键的教学要素:儿童经验、教学策略、教学内容。我们紧紧围绕这几个要素开展教学研究活动,在开展安全活动前,我们通过调查表的形式了解幼儿的已有经验,从而发现幼儿的真实问题。教师根据幼儿的问题设计集体教学活动,采用适应的策略解决幼儿的安全问题,让问题从生活中来再回到生活中去。老师们渐渐对安全教学活动更有底气,能选择适合的内容进行教学。

但是,现阶段老师们纷纷觉得自己的研究遇到了"瓶颈"。我园选择"行为中的安全"作为研究的主题,教师们仔细分析了幼儿行为中的安全问题,发现很多安全问题有时在随机教育中就可以解决,所以就要求教师们对幼儿的经验进行筛选,可是筛选好后的经验该怎样与教学相衔接?教师们为幼儿的学提供了哪些支持?这些教学策略有没有切实解决幼儿的问题?这些困惑需要在研究中不断探索总结,以便不断提高日常生活中安全教学活动的有效性。

【研训对象】

新手教师、骨干教师

【研训课时】

4课时

【研训目标】

（1）在教学活动观摩和研讨中，不断探讨、总结有效的幼儿园安全教学活动的教学策略。

（2）进一步研究、分析幼儿行为中的安全问题，拓宽研究的思路，为更好地分析幼儿做准备。

（3）在教研平台能大胆表达自己在研究中遇到的困惑，敢于和专家、姐妹园的老师们进行脑力碰撞，不断提升自己的专业能力。

【研训空间】

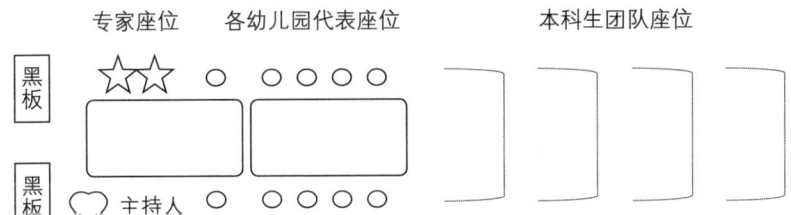

教研讨论时活动场地安排图

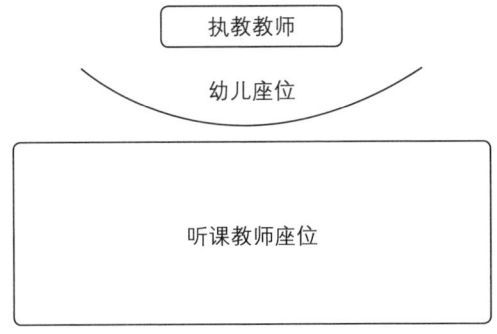

教学活动观摩时活动场地安排图

【研训过程】

环节一：本科生团队说说安全教学活动中遇到的困惑

主持人：我们一起来听听本科生团队对安全教学活动有哪些疑惑？

（本科生团队进行分享。）

环节二：观摩安全教学活动，聆听执教老师说课

主持人：非常感谢你们的分享！接下来，我们观摩两个日常生活中的安全教学活动，看看孩子生活中的安全问题有哪些？教师采取了什么策略去解决？让我们一起带着问题和困惑观摩活动，观摩后大家也许会有很多新的想法。

（观摩教学）

主持人：刚刚我们看完了两个活动，活动主题是怎么产生的？教师在基于幼儿问题调查的基础上是怎么开展活动的？我们一起来听听执教老师的想法。

环节三：在观摩活动后，邀请本科生团队对活动前的困惑进行梳理

主持人：听完执教老师说课，相信本科生团队对安全活动的疑惑有了新的认识，请本科生团队先来说说观摩后的感受。

环节四：幼儿园团队分享交流本园的子话题讨论内容

（1）主持人：听了这么多，我们的幼儿园团队又是怎么想的呢？现在给大家10分钟时间，围绕今天教研的核心话题——日常生活中安全教育的策略有效性分析，对这两个教学活动进行研讨。

（2）请各所幼儿园重点围绕一个子话题进行讨论：

①安全教学活动策略的使用是否符合幼儿的年龄特点？

②安全教学活动的领域特点是什么？

③活动中幼儿的具体行为表现如何？

④安全教学活动中怎么把握幼儿的核心经验？

（3）讨论完之后，每个团队选派1名教师进行经验分享。

环节五：指导专家分享与提升

幼儿园各个团队的分享都非常精彩。我们通过实践、研讨总结了安全教学的有效策略。但是还有什么是我们没有发现的呢？下面让我们欢迎鼓楼区教师进修学校的朱清老师为本次教研活动做提升！

活动时间安排表

8:45—8:55	介绍教研活动的核心话题。
8:55—9:00	本科生团队针对安全活动教学提出自己的困惑。
9:00—10:00	观摩两个安全教学活动,分别为:小班《小滑梯大安全》、中班《小小剪刀不可怕》,聆听两位执教老师说课。
10:00—10:10	本科生团队分享观摩活动后的感受。
10:10—10:30	各个幼儿园团队分享各自的观点。
10:30—11:15	专家进行提炼。

【研训展析】

（1）教研主题明确，研训者根据子话题讨论，解决了研讨话题发散的问题。在以往开展教研的过程中我们会发现：虽然在研讨前明确了教研的核心话题，但随着讨论的深入，慢慢地，老师们的讨论开始偏离教研的主题，根据即时生成的问题进行发散，最后总结的经验往往脱离了原来的教研思路。所以这次教研在明确研训主题的同时，确定了可以进行讨论的子话题。每个研训组选择一个子话题进行讨论，要求每组的讨论都要有关键词，然后根据关键词的提示展开，并配以相应的图示进行说明。教研活动前，参与研训的老师都有了明确的任务，所以在这次研讨中，每组的经验分享内容都比较集中，较好地实现了教研目标。

（2）设置"说困惑"环节，让新手教师进行活动前的反思，解决新手教师游离在研讨过程外的问题。这次教研活动一开始，本科生团队叙说了自己对幼儿园安全活动存在的教学困惑，但由于本科生和新手教师对幼儿园的安全教学活动缺少实践经验，因此越讨论到后面，越会出现"游离"的状态，根本原因在于他们无法和骨干教师在经验上产生共鸣，不理解骨干教师聚焦的研讨内容。本次教研让本科生先说困惑，然后在观摩活动后再说自己的新认识，让专家和骨干教师对新手教师的问题有所了解，这样做有助于在研讨时解决新手教师遇到的问题，使得新手教师能更好地参与教研，获得经验的提升。

（3）形成半开放的研讨环境，提高研训者的专注力，解决教研中研训者被忽视的问题。这次在教研环境的布置上进行了突破，改变了集中式或者圆圈式的研讨环境，采用了半圆式的研讨环境。采用集中式的研讨环境，专家一人坐在最前面，所有研训者面对专家，一些坐在后面的研训者注意力往往不太集中，教研主持人也无法关注研训者的学习状态；采用圆圈式的研讨环境也会产生这个问题，一些离发言者比较远的研训者不能保持注意力的集中。采用半圆式的研讨环境，专家坐在研训者的中间，便于跟两边和后面的研训者互动；教研主持人也便于走动，可以灵活调整站位，吸引所有研训者的注意力，也能关注到所有研训者的需要，及时为研训者与专家提供对话的机会。

【研训资料】

> 健康领域中的安全教学活动及幼儿关键经验[1]

《3—6岁儿童学习与发展指南》指出幼儿的安全关键经验为：具备基本的安全知识和自我保护能力。要求3—4岁的小班幼儿能做到在提醒下注意安全，不做危险的事。4—5岁的幼儿要认识常见的安全标志，能遵守安全规则，并且运动时能主动躲避危险。

针对幼儿的发展目标，以及分析幼儿在日常生活中的安全问题，这次教研提供了两个教学活动案例，分别为小班《小滑梯大安全》、中班《小小剪刀不可怕》。小班的健康活动重点解决幼儿在日常活动中爬滑梯、在滑梯中拥挤等问题，中班的健康活动关注幼儿使用剪刀时的安全问题，让幼儿学会安全使用剪刀，并在使用的过程中学会自我保护。

> 对幼儿安全教育的建议[2]

顾荣芳老师在研究幼儿对安全相关概念的认知时，提出了对幼儿安全教育的几点建议：

---

[1] 中华人民共和国教育部制定. 3—6岁儿童学习与发展指南[M]. 北京：首都师范大学出版社，2012：14.

[2] 顾荣芳，杨余香，李秀敏. 幼儿对安全相关概念的认知[J]. 幼儿教育（教育科学），2009（12）：35.

（1）应重视幼儿安全认知的建构，并致力于促进这种认知向行为的转化。

（2）应遵循幼儿的认知发展特点，并有意识地促进中、大班幼儿对事物本质属性的初步认识。

（3）应遵循概念学习的规律，并区别对待幼儿的具体概念与抽象概念学习。

（4）应重视生活中的随机教育，并坚持生活性和科学性的统一。

➢ 基于儿童身心发展特点实施安全教育的策略[1]

顾荣芳老师对基于儿童身心发展特点实施安全教育策略提出了如下几点建议：

（1）幼儿园安全教育应当抓住契机。

（2）幼儿园安全教育需要加强儿童对危险情境及事故原因的认识。

（3）幼儿园安全教育需要对儿童进行延迟满足的训练。

（4）幼儿园安全教育还应努力训练、提高儿童的行动反应能力来预防意外事故的发生。

因此，教师在实施幼儿安全教学活动时可以采取适宜的教学策略，不断提高安全教学活动的有效性。

（江苏省南京市南京大学幼儿园　姜红）

---

[1] 顾荣芳. 对幼儿园安全教育的思考［J］. 幼儿教育（教育科学），2006（21）.

23. "春游活动中有效渗透幼儿的安全自护教育"教研方案

【研训背景】

自2011年起，我园一直参加江苏省南京市鼓楼区健康共同体的教研活动，在这个过程中，老师们对幼儿园健康教育有了更深入的认识和体会。在最初的研究阶段，幼儿园重点关注健康教育领域中的"安全生活"教育，围绕幼儿运动中的安全、厨房中的安全、生活中的安全等方面开展了一系列健康教育活动，如"大型玩具小贴士""我会调节运动量""我们一起做凉面""包饺子""小区马路安全行"……不仅提高了幼儿安全自护的意识和能力，而且提高了教师在一日生活中关注幼儿安全问题的意识。随着研究的深入，幼儿园进一步完善和细化安全工作的管理和分工，责任到人，让幼儿园的安全教育工作人人参与、落在实处。

近年来，社会各界日益重视预防未成年人性侵害的校园安全教育，对辨别能力、自我保护能力都比较差的幼儿园儿童来说，这方面的教育也在加强。《3—6岁儿童学习与发展指南》指出，"幼儿应具备基本的安全知识和自我保护能力"。在教育建议中明确指出，"告诉幼儿不允许别人触摸自己的隐私部位"。上学期，我园遭遇到一位幼儿家长误认为教师侵害幼儿身体隐私部位的事件。虽然真实原因是孩子隐私部位发炎造成挫伤，但该事件造成了很大的影响。事件发生后，我们向全体家长出具了权威机构出示的诊断证明，并对全体教师进行应对突发事件的培训。但是，从另一个角度来看，如何让幼儿保护自己的隐私不受伤害，也是亟待解决的问题。"教研内容应解决教师工作中需要解决的问题"。因此，此次教研更关注开展有效的幼儿安全自护教育。

实践篇　幼儿园教研活动设计方案

安全自护教育不仅仅是简单的认知，更不能一刀切地告诉孩子拒人于千里之外，而要通过感知、体验等方式，让幼儿学会保护自己的方法和策略。我园许多幼儿都居住在同一个小区，相互比较熟悉，平时在小区里散步时，常常会有一些邻居在打招呼的时候摸幼儿脸等热情的举动；正值春暖花开的3月，我园结合即将到来的中国传统节日——清明节，开展踏青春游活动。幼儿在亲近自然的过程中，少不了与周围熟悉或陌生的人产生身体接触，面对的环境也更加复杂，在这个过程中幼儿会遇到什么样的问题？他们需要哪些帮助？如何捕捉幼儿真实的问题，引发幼儿更好地保护自己呢？带着这些想法，我们确定了本次研讨的主题。

【研训对象】

幼儿园身体保健教研组成员；健康共同体成员

【研训课时】

4课时

【研训目标】

（1）在一日活动中，进一步挖掘有价值的"安全生活"教育内容，开展更加全面、有效的幼儿健康活动。

（2）通过现场展示、交流研讨、专家引领等方式，在一日活动中关注幼儿的兴趣和需要，较好地设计和开展健康活动。

（3）体验与专家、姐妹园教师交流互动、分享经验的快乐。

【研训准备】

（1）摄像机一台、相机一台、笔记本电脑一台、投影仪设备一组。

（2）开展情境谈话了解幼儿的已有经验，园内教研组成员围绕项目活动开展研讨，确定教研活动的思路。

（3）借助专家资源进一步明晰教研活动的重难点。

（4）对活动中拍照、摄像、记录、场地准备等进行明确的人员分工。

（5）在每位幼儿的背后贴上数字标识，便于教师在活动过程中真实记录幼儿的行为及问题。

【研训过程】

环节一：什么是安全自护教育

地点：多功能厅。

过程：

1. 主持人分享一个近期发生在幼儿园并引发社会广泛关注的热点事件，引发大家讨论"什么是安全自护教育"。

2. 主持人介绍本次教研活动的主题，共同明确任务。

3. 给每位参与者发放标有编号的观察记录单，明确活动中的观察对象。

环节二：寻找适合大班幼儿的安全自护教育

组织方式：现场观摩。

地点：大班教室。

过程：观摩大二班健康活动"保护自己的小秘密"；观摩大二班区域活动。

环节三：大班幼儿安全自护教育的方法和策略

组织方式：观摩后的评析与反思。

地点：多功能厅。

过程：

1. 执教者说课。

叶慧：前期调查发现，孩子对身体的隐私部位不明晰，对熟悉的人没有防范和戒备心理。通过对儿童性侵害案件的梳理发现，80%的侵犯儿童事件都是熟人所为。孩子在生活中要和人交往，要告诉孩子正确的保护自己的方法，增加情景体验和实际操作。绘本《不要随便摸我》提到很多孩子在遇到危险时，身体会发出报警，这个绘本为活动带来了启发。不是告诉孩子不要干什么，而是告诉孩子可以怎么做。教师在设计教学活动时紧扣本园的教学理念，引发孩子思考问题，帮助孩子分享同伴的经验。第一个环节增加体验，让孩子知道身体会发出信号。在分享同伴的经验、自己的操作后，找到解决问题的方法。在所有老师的帮助下，迁移情景，迁移经验，让孩子在随后的春游活动中懂得保护自己，做好身体的安全自护。

2. 教师以团队为单位，自由讨论。

3. 针对即将开展的春游活动，探讨有效开展大班幼儿安全自护教育的策略，各幼儿园进行反思。

4. 专家点评与指导。

顾荣芳教授：话题来自生活经验，这一点非常重要。如何让幼儿学会拒绝他人，教给幼儿太多知识没有多大意义，关键在于让幼儿做到。教师可以设法创设情景，让幼儿有充分的体验。比如，先给幼儿一些示范，要把复杂的现实生活"表演"出来，帮助幼儿区分好人和怀有不良企图的坏人，让幼儿明白什么时候要说"不"，明白什么是可以做的，什么是不可以做的。

教师在活动中要尽可能避免说教，少用谈话法。幼儿的认知水平和成人的认知水平不一样，因此他们用贴花的方式和教师所想的不一样：幼儿的贴花是具象性的，建议将贴花改成画圈；另外，在表演完各种复杂情境之后，还可以请每个小组分别展开讨论。幼儿是"出乎意料、情理之中、防不胜防"，《3—6岁儿童学习与发展指南》中的表述偏于书面化，转化到活动中可以变得口语化一些。

在区域活动中，教师设计得比较周密、细致，有创意地设计不同的活动类型。但区域活动缺乏指导，要考虑儿童发展的目标。春游计划、阅江楼行走路线的问题、木偶人等主题比较紧凑，一方面要和主题关联起来，另一方面也要与儿童多方面的发展关联起来。食物保质期的选择可以灵活一些，先选择较短的时间，然后逐渐增加难度。游戏要不断变换，要适宜幼儿的发展。

【研训展析】

（1）从研教材转变为研幼儿，真正发现幼儿的需要。在以往的教研活动中，教师往往关注怎么教，经常出现活动设计得很花哨、幼儿的表现却不怎么积极的现象。当我们转变为研究幼儿时，我们可以更加细致地观察和解读幼儿：幼儿已有的经验和兴趣点在哪里？怎样才能让他们学得轻松、学得主动？从而发现他们的真问题和真需要，让活动贴近幼儿的最近发展区，让幼儿主动参与、乐于接受。

了解幼儿的方式有多种：跟踪观察、调查问卷、绘画表达、交流访谈等，这对教师提出了更高的要求，即教师要拥有一双善于发现的慧眼和一颗能够应对万变的慧心，与幼儿共同学习。当活动中的学习与幼儿日常生活发生关联时，活动中的学习更像真实的生活情境，幼儿能自然而然地将平时生活中积累的经验迁移到活动中，在与同伴的互动中获得新的经验。

（2）创设符合幼儿认知经验的情境，充分调动幼儿参与活动的积极性。幼儿的思维特点决定了健康教育应避免枯燥地说教，通过活动来开展，要尽可能让幼儿充分地直接感知、亲身体验、实际操作。只有这样，幼儿才能获得日常生活中关于健康的知识、经验，获得对健康行为的理解。

（3）从解决活动中的问题转变为解决生活中的问题，将健康教育落到实处。健康教育要渗透在一日生活中，教师要善于发现日常生活中的契机，对幼儿进行健康教育，捕捉促进幼儿健康与发展的情境。引导幼儿通过亲身体验、动手操作来解决活动中遇到的问题，并能把活动中习得的经验迁移到生活中。只有这样，健康教育的内容才能逐渐转化为幼儿自身的健康行为习惯。

【研训资料】

> 自我保护能力[1]

学前儿童安全教育的目的在于帮助幼儿获得和掌握日常生活中最基本的安全知识和技能，使幼儿逐步懂得爱护自己和他人，不断增强幼儿自我保护的意识和能力。自我保护能力简称自护能力，指个体保护自己免受伤害的能力，包括生理上的伤害（如饥饿、寒冷、流血等）和心理上的伤害（如自卑、怯懦等）。自我保护能力是一个人在社会中保存个体生命的最基本能力之一，为了保证幼儿的身心健康和安全，使幼儿顺利成长，家长应该从幼儿幼年起就加强对他们的自我保护教育，培养和提高幼儿的自我保护能力。

---

[1] 柳倩，周念丽，张晔，主编. 学前儿童健康学习与发展核心经验 [M]. 南京：南京师范大学出版社，2016.

➢ **提高幼儿自我保护能力的方法**[1]

促进幼儿安全意识与能力发展的途径和方法：认识身体各个部分及其重要性；日常生活中对幼儿进行随机教育；给予幼儿安全感。

促进幼儿面对意外事故时自我保护能力发展的途径和方法：准确把握幼儿安全意识与能力的发展水平；实现安全教育模式转变，重在提高幼儿的自我保护能力；进行安全演练，提高幼儿应对灾害的自我保护能力。

➢ **指南要求**[2]

"幼儿应具备基本的安全知识和自我保护能力。""告诉幼儿不允许别人触摸自己的隐私部位。"

➢ **给父母的一封信**

给父母的一封信：很多孩子遇到危险时会有一些特殊反应，好像身体里的报警系统发出了警报一样。我们应该鼓励孩子相信自己的直觉，及早寻求帮助。

（江苏省南京市建邺区莲花北苑幼儿园 叶慧）

---

[1] 叶平枝，等. 幼儿园健康领域教育精要——关键经验与活动指导[M]. 北京：教育科学出版社，2018.

[2] 中华人民共和国教育部制定. 3—6岁儿童学习与发展指南[M]. 北京：首都师范大学出版社，2012.

24. "结合幼儿园特色课程开展亲子健康活动"教研方案

【研训背景】

通过健康共同体的专业引领，我们认识到：健康教育即幼儿的生活教育，健康教育要渗透在幼儿的日常生活中。我园结合"户外、快乐、运动"的园本特色，除了开展混龄晨间活动、特色篮球课程外，还在东南大学开展全园性亲子运动会、"爸爸带我到户外"等大型项目活动。在活动中，教师从幼儿的需要出发，通过回忆现场活动和观看活动录像，发现活动中出现的安全问题，寻找适合幼儿的健康教育内容。

安全生活教育是根据幼儿动作发展、认知发展及生活经验积累等方面的特点，加强幼儿对周围环境中潜在危险的认识，提高其预见性和保护技能，减少意外伤害发生，提高生命质量的教育。幼儿园开展的一些项目活动有别于幼儿园的一日活动，相对来说，幼儿的经验少一些，教师有必要提高幼儿的自我保护意识。在近一年的中班特色篮球课程中，幼儿成长了很多，但负责课程的男教师偏向于动作技能的发展，因此如何游戏化地进行健康教学活动，也是我们探讨的重点。我们将篮球课程游戏化，注重幼儿身体健康发展和心理品质的培养，不断创新活动形式，丰富活动内容，充分发挥家长的教育优势，更好地促进幼儿健康、快乐地成长。

【研训对象】

健康共同体成员20余位、南京师范大学本科生20余位

【研训课时】

3课时

【研训目标】

（1）在开展全园性亲子运动会、混龄晨间活动及特色篮球课程的基础上，立足幼儿发展的需要，挖掘健康教育的亮点，推进园本特色课程的发展。

（2）在现场活动中，交流、探讨如何游戏化地开展健康活动，如何有效结合家长资源游戏化地开展亲子健康教学活动。

（3）借助健康共同体和专家团队的专业引领，提升我园教研的质量，促进幼儿的健康发展和教师的专业成长。

【研训准备】

（1）主持人准备：电脑、投影。

（2）参与教师准备：白纸、12色水彩笔若干。

【研训空间】

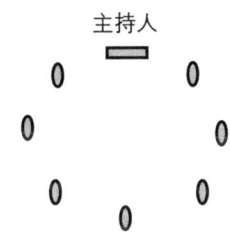

【研训过程】

环节一：主持人介绍本次教研活动的内容

主持人：各位专家、老师，欢迎大家的到来。每次鹤琴基地组的活动都能让我们学到很多。今天，我们准备了两节教学活动：一节是中班健康活动《距离与安全》，一节是中班亲子健康活动《快乐篮球手》。本次教研的核心话题是：

（1）在幼儿园进行的特色项目活动中，如何从幼儿的需要出发，观察、分析幼儿的健康行为，挖掘健康教育的内容？

（2）如何游戏化地开展健康活动？如何有效结合家长资源游戏化地开展亲子健康教学活动？

请大家先观摩两节教学活动。

环节二：围绕核心话题进行研讨

主持人：本次活动我们围绕在混龄晨间活动和全国性亲子运动会上出现的安全距离的问题和中班特色篮球课程，开展了两个教学活动。现在请大家就本次核心话题展开讨论。

（1）执教老师说课：首先请两位老师说说各自的设计意图和活动反思。

（2）课改基地组的团队分组研讨，分享交流；姐妹园的教师提出宝贵意见。

环节三：专家指导

主持人：感谢姐妹园的老师为我们提出宝贵的建议，每次鹤琴基地组的活动都让我们收获多多，我们也格外珍惜这样的学习机会。现在，请专家为我们进行指导。

【研训展析】

（1）健康活动内容的选择是课程延续的体现。在活动中，一个个大活动既是开始也是结束。在活动中发现问题，能够将健康的理念渗透到活动中，自然地生成幼儿需要的主题。下次活动应该注意到这些问题，要让活动回归幼儿的生活。

（2）游戏精神贯穿于整个健康活动中。南京师范大学虞永平教授提出幼儿园课程应游戏化，充满游戏精神，是自由的、自主的、创造的、愉悦的。健康活动应将游戏精神贯穿于整个活动中，在活动中凸显幼儿的主体地位，将教育隐含在活动实施的过程中，用游戏精神去设计各类教育活动。

（3）亲子深层次的互动，使得教师行动上有所转变、理念上有所更新。由于家长的参与，幼儿园传统教学中的"双方互动"变为了"三方互动"。在亲子活动过程中，教师自觉实现了三个转变：

转变一：教师单方教育设计转变为整合多方资源共同策划。

转变二：教师关注幼儿发展转变为在关注幼儿的同时，兼顾家长的发展。

转变三：教师作为活动的唯一组织者转变为家长参与、组织指导开展活动。

亲子活动的主体由幼儿、家长、教师三方组成。活动一开始，教师指导幼儿和家长进行活动。在多次活动后，教师逐步退出，由个别能力强的家长组织部分活动环节，开展亲子活动。

【研训资料】

> ➤ **课程游戏化**[1]

课程游戏化不是用游戏替代其他课程实施活动。课程实施的途径有很多，所谓课程游戏化不是把幼儿园所有活动都变为游戏，而是确保基本的游戏活动时间，同时又可以把游戏的理念、游戏的精神渗透到课程实施的各类活动中。也就是说，专门的游戏活动时间要确保，确保是指幼儿每天有自选活动的机会，能自选游戏。自由游戏的时间应得到保证。

课程游戏化即让幼儿园课程更加适合幼儿，更生动、丰富、有趣。游戏为何要适合幼儿？因为幼儿的内心是游戏的，幼儿的心灵有游戏的种子，幼儿的内心更贴近游戏。我们应让幼儿园的课程更加适合幼儿，让幼儿园游戏更加生动，更加丰富，更加有趣，更加有效，从而让他们获得更多新的经验。课程游戏化一定要更加有利于幼儿成长。课程既然应该是适合幼儿的，即意味着不是小学化的、成人化的。幼儿园课程应更加生动，不可死板；更加丰富，不可机械。活动室中的环境材料应是丰富多样的，更加生动有趣。幼儿园课程应能够吸引孩子专注地投入活动，激发和提升他们的兴趣，满足他们的需要，使活动更加有效，使幼儿获得更多的经验。

游戏化是课程的一个基本特征。其实幼儿园课程本来就应该游戏化，幼儿园教育本来就具有游戏特征。现在小学教育改革开始讲课程游戏化、情景化问题。幼儿园更应关注。

对幼儿园来讲，游戏是幼儿园的存在方式，也是生活内容。没有游戏的生活就是小学化的、成人化的。幼儿园要形成何种课程文化？第一，幼儿园要鼓励游戏。幼儿游戏的过程需要我们去欣赏。游戏不是幼稚的，游戏中有很多亮点，有很多值得我们关注的要素。第二，要服务游戏。我们要努力为幼儿提供游戏环境、游戏材料。第三，学会观察游戏。第四，合理指导游戏。

---

[1] 虞永平. 课程游戏化的意义和实施路径［J］. 早期教育（教师版），2015（3）.

为何要提"合理"指导游戏？因为教师指导过头了，指导就成了"导演"，孩子游戏中的自由自主就会失去，创造就会失去，因此要合理指导游戏，形成这种课程文化。

> **家园建构**[1]

如何与不同家长打交道，这是每个教师每天都会遇到，也常常感到困惑的问题。吴邵萍园长是一位有创新精神的园长，多年来带领她的团队，探索幼儿园家长工作的方法和策略，并在实践中不断反思、总结经验、完善提升，最终集结成这么一本资料丰富、分析全面，闪烁着实践智慧和人文关怀的幼儿园家长工作手册。读完本书，你将会了解到：

（1）教师与不同类型家长沟通应采取的不同策略以及需要注意的问题。

（2）年轻教师开展家长工作的常见误区及其解决方法。

（3）教师组织各种类型家长工作前需要做哪些准备，如何实施，需要注意哪些问题。

（4）当教师与家长发生冲突时，园长应当怎样做。

中班亲子健康活动：快乐篮球手

（执教老师　王云姣）

幼儿目标：

1. 尝试多种玩球方法，知道篮球等运动有益于身体生长。

2. 通过谈话、欣赏、角色体验及篮球游戏，提高对运动的兴趣，并能坚持运动。

3. 在亲子活动中增加交流的机会，感受成功感和自豪感，体验亲子活动的乐趣。

家长目标：

1. 知道运动对幼儿身心发展的重要性。

---

[1] 吴邵萍. 家园共同体的建构——幼儿园家长工作的方法与策略[M]. 北京：教育科学出版社，2011.

2. 尝试设计不同的篮球游戏，提高幼儿运动的兴趣，增强幼儿体能、智力等方面的发展，并能将设计游戏的经验迁移到家庭。

3. 体验活动中亲子之间交流的情感。

活动准备：

1. 经验准备：每学期进行2—3次亲子活动；每周四开展小班化篮球活动；部分爸爸有打篮球的经验。

2. 物质准备：篮球、篮球架、过河石、塑圈等体育器械；画架、纸、音乐；一日活动表、信封、运动计划表。

活动过程：

一、开始活动

1. 幼儿篮球操。

师：做完篮球操，你们的身体有什么样的感觉？

总结：原来运动对我们的身体好处多多，其实不仅小朋友需要运动，大人们也需要运动。

2. 爸爸篮球秀。

师：今天谁来和我们做游戏呢？你们去问问爸爸平时运动吗，都做哪些运动？

师：听说爸爸们篮球玩得也很棒，孩子们想看吗？

师：爸爸们，你们篮球玩得这么好，是不是经常打篮球呢？打了多久？为什么一直坚持打篮球？

总结：打篮球不仅对我们的身体生长有好处，而且可以开动脑筋，感受和小伙伴一起游戏的快乐。

3. 幼儿教爸爸玩篮球。

师：这学期小朋友们每周都会学篮球本领，今天你们也把学会的本领教给自己的爸爸吧！

总结：今天小朋友们做了一回老师，教爸爸们学会了不少本领，心里一定很自豪。爸爸们也很有耐心，虚心地向孩子们学习！

二、篮球游戏

1. 爸爸设计篮球游戏。

师：篮球活动能让孩子在语言、社会交往、智力等方面都得到发展，请爸爸们为孩子设计一个篮球游戏。

游戏规则：爸爸们分为3组，每组利用5分钟时间商量出各组的篮球游戏，将游戏规则画出来并挂在画架上。如果需要体育器械，可以自由选择。

2. 爸爸谈一谈设计游戏的意图。

每组派一名代表说一说本组设计的游戏名字、游戏规则和游戏玩法。

3. 小组游戏。

师：你最喜欢哪个游戏？可以回家和妈妈一起玩一玩这个游戏。

三、共同商量，制订家庭运动计划表

师：运动对我们的成长非常重要，小朋友们在幼儿园都有固定的运动时间，回到家后，你们能和爸爸坚持运动吗？请爸爸们回家后和孩子、孩子妈妈一起制订一份周末运动计划表，下周一带来放在我们的运动区。如果小朋友们做到了，就可以给自己贴个小贴花。

中班健康活动：距离与安全

（执教老师　闫璐）

幼儿目标：

1. 初步了解运动中保持距离的重要性。

2. 通过参与讨论及游戏体验，探索运动游戏中保持安全距离的不同策略。

活动准备：

1. 经验准备：小班进行过混龄运动会，中班进行过全园性运动会。

2. 物质准备：PPT、地垫、溜溜布、彩色手环。

活动过程：

一、在距离不同的地垫上做操，感受距离带来的舒适感

1. 自由放置地垫，体验和同伴距离近了之后给做操带来的不便。

师：小朋友们距离很近时做操和平时站在固定点上做操感觉有什么不一样？

2. 自主调整地垫的位置，体验保持距离做操时的方便和舒适。

师：现在请你们自己调整距离，再来做操感受一下。

总结：只有保持一定的距离，才能让我们做操时身体更舒展、更舒适。

二、探讨全园性亲子运动会游戏中保持安全距离的不同策略

1. 出示PPT，回忆亲子运动会游戏项目。

师：我们不仅在做操时需要保持距离，在体育游戏时也要保持距离，只有这样才能玩得安全又舒适。不久之前，我们开展了一次全园性亲子运动会。运动会上有好多游戏，还记得都有哪些游戏吗？

2. 探讨"溜溜布"游戏时的安全问题。

师：当时发生了什么事情？会带来什么危险？我们应该怎么玩才更安全？今天老师带来了一块彩色溜溜布，我们一起来试一试。

（1）幼儿自主尝试，寻找保持安全距离的策略。

师：你是怎么玩的？你碰到前面的小朋友了吗？

（2）回放幼儿玩溜溜布的情景，讨论安全游戏的策略。

（3）通过学念儿歌，提醒幼儿保持安全距离。

前面小朋友先走，走完了，我再上。

前面小朋友走了一段距离，我再上。

总结：根据前面小朋友爬的速度，调整自己的节奏。

3. 探讨"蜈蚣走"游戏时的安全问题。

（1）幼儿分成四队进行游戏体验，共同探讨蜈蚣学步的玩法。

总结：大约一臂的距离；协同走，迈一样的脚；根据集体的快慢调整自己的速度。

（2）通过学念儿歌在"蜈蚣走"游戏中调节自己的速度，与同伴的步调保持一致。

三、邀请客人老师现场模拟游戏场景，巩固已有经验

师：今天爸爸妈妈没有来幼儿园，不过这里有很多客人老师，我们邀请客人老师和我们一起玩这两个游戏，好吗？

四、颁发安全标兵奖

1. 观看全国性亲子运动会颁奖视频，讨论如何安全有序地领奖。

2. 园长妈妈为幼儿颁发安全标兵奖牌。

五、总结延伸

出示绳网、小土坡等园内活动区图片，将安全意识延伸到一日活动中。

师：我们不仅在运动比赛中要保持一定的距离、保证安全，在幼儿园的一日活动中都要保持距离，安全第一。

（江苏省南京市军区机关幼儿园　张琳）

25. "户外主题式建构游戏"教研方案

【研训背景】

《3—6岁儿童学习与发展指南》将幼儿的学习与发展分为健康、语言、社会、科学、艺术五个领域,由此可见在幼儿教育阶段,需要培养幼儿的综合能力,而户外建构游戏活动正是通过不同主题的活动,使幼儿能够去体验积木、积竹、积塑、金属构造等。在建构游戏中,幼儿通过操作各种构造材料,能得到一种满足感和愉悦感,寓教于乐,在玩中掌握知识技能。从实践中我们发现,幼儿在操作各种材料的过程中,如果能够从陌生到熟练掌握其使用方法,那么便会得到很大的满足感,提升其动手能力和自信心。关于户外主题建构的研训活动,能够帮助本园所有带班教师了解如何根据本班幼儿的年龄特点,结合本班幼儿现有的建构水平,有效地进行游戏的组织和指导,从而避免产生错误的指导方式。研训活动的开展有助于使户外建构游戏做到日常化、精细化并且具有班本文化的特色。

【研训对象】

幼儿园所有带班教师

【研训课时】

2.5小时(4课时)

【研训目标】

(1)通过研训内容的深化和衍生,了解户外建构游戏场地划分的要求,尝试根据班级幼儿的年龄与发展特点,在户外进行适宜的主题建构活动。

(2)通过案例学习、小组讨论、图纸展示等研训方式,发展教师的想象力、动手能力和团队合作能力。

【研训准备】

（1）主持人教具：书籍《创意拼搭——幼儿园建构游戏方案》《幼儿园大型户外建构游戏——从游戏走进学习》。

（2）教师用具：每组一张A4记录纸、一盒水彩笔。

【研训空间】

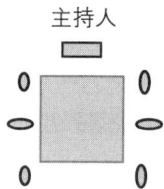

【研训过程】

环节一：了解如何在户外更好地按主题搭建清水积木

1. 参与教师自由落座，主持人展示书籍《创意拼搭——幼儿园建构游戏方案》，大家自由翻看，了解主题建构游戏的组织方式。

2. 大家自由讨论阅读这本书的感受和收获。

环节二：采用开火车的方式，根据本班建构游戏开展现状轮流发言

1. 教师简短介绍自己所在班级是如何开展主题式建构活动的，重点围绕主题的产生来源、游戏的开展现状、教师的指导策略等进行介绍。

2. 户外建构游戏场地划分和布置中的实践操作问题。

环节三：学习书籍《幼儿园大型户外建构游戏——从游戏走进学习》

1. 了解户外建构材料与室内建构材料的不同。

2. 初步了解大型炭烧积木以及晨间锻炼器材在户外主题建构游戏中的使用方式。

3. 通过部分案例的学习，思考怎样融合幼儿的想法生成主题？在搭建前如何给予幼儿经验上的支持？幼儿该如何通过主题建构游戏得到学习与发展？如何在户外主题建构游戏中融合五大领域的内容？

环节四：图纸展示

①采用两人合作画图的方式，帮助教师梳理习得的户外建构游戏场地划

分原则以及建构游戏组织方式。

②主持人出示空白记录纸，全体教师根据自己所在年龄班级，尝试进行户外建构游戏场地划分，各组推选发言人一名，说出选择户外建构游戏场地的理由。

③以建构主题《我的小学》为例，讨论如何开展主题建构活动、如何给予幼儿经验以及材料上的支持。

④按照小、中、大三个年级，分组进行团队展示和发言。研训成员倾听发言人介绍，分析各个活动方案的亮点或不足之处。

环节五：亲身体验

①教师实地操作，按照方案以年级组为分队依据，分为三个小组，进行限时 1 小时的《我的小学》主题搭建。

②根据本班幼儿年龄特点选择合适的建构材料，如清水积木、炭烧积木、竹梯、轮胎等进行搭建。

③根据自己所划分的建构场地进行搭建。

④提供关于小学的图片，围绕主题感受搭建的难度，明确指导的方向。

环节六：活动小结

1. 围绕所划分的场地是否适宜进行讨论。

2. 围绕所选择的建构材料的难易程度进行讨论。

3. 围绕搭建过程中的感受以及搭建后的完成情况进行讨论。也可以将话题延伸到教师在建构活动中如何进行适宜的指导，从而促进幼儿的发展。

【研训拓展】

（1）研训人员建立 QQ 群，上传关于建构场地的划分设计图，教师交流建构游戏心得（围绕场地、材料、时间等因素）。

（2）建议教师在组织和指导建构游戏的过程中，尝试混班、混龄的合作建构，并进行观察记录。

【研训展析】

本次研训活动通过理论学习、小组讨论、图纸展示、亲身体验等研训方式，让幼儿教师深入了解户外主题建构对于幼儿发展的促进作用。教师在场地、材料提供以及过程指导等方面要有自己的思考。《幼儿园工作规程》提出幼儿园要"以游戏为基本活动"，确立了目前游戏在我国幼儿园教育活动体系中的地位。《幼儿园教育指导纲要（试行）》不仅重申了这一要求，还提出要引导幼儿在与环境的积极相互作用中得到发展。从中我们不难发现：游戏对幼儿的发展具有独特的价值，相关部门对游戏的开展提出了明确的方向——自主学习、开放空间、环境支持。

然而现实中却出现教师轻视游戏，建构游戏"走不出去"或"走错地方"的现象。因此幼儿教师在活动中通过梳理以往建构游戏场地划分内容和开展的情况，纷纷思考该如何开展适宜的户外主题建构游戏——如何设计主题？如何选择场地？如何布置环境？如何提供材料？引发教师从前期准备、全程观察、游戏追随、适时介入、合理帮助、观察记录、分析反思、再次支持等多个方面，对幼儿的游戏进行思考，并利用多种手段真实记录幼儿的游戏表现，做出有价值的分析与判断。在亲身体验过户外主题式建构游戏后，教师能够更好地根据班级幼儿的年龄与发展特点，划分适宜的建构场地，提供合适的材料，进行正确的指导。

【研训资料】

➢ 建构游戏[1]

建构游戏，是指幼儿操作各种结构材料来构造物体的一种游戏。幼儿园的主题建构活动是指幼儿围绕一定的主题，利用各种不同的结构材料，经过创作来反映周围现实生活的一种创造性游戏活动。

➢ 幼儿园户外主题建构游戏的准备和指导[2]

1. 游戏前的准备——丰富经验，创设环境

（1）生活经验是建构游戏的基础。幼儿在建构游戏中的许多想法、灵感

---

[1] 杨东梅. 幼儿园户外建构游戏的组织与指导［J］. 小学科学（教师版），2016（06）.

[2] 杨东梅. 幼儿园户外建构游戏的组织与指导［J］. 小学科学（教师版），2016（06）.

都来源于日常生活、知识经验的积累。幼儿的生活经验、知识经验积累得越多，游戏的建构内容就越丰富。如在主题建构《我的小学》中，教师通过图片了解小学的建筑物特点。在此基础上搭建，仍出现因不熟悉搭建内容而没有及时完成的现象。因此，在日常生活中组织幼儿进行主题式建构时，教师要结合幼儿的生活经验，带领幼儿参观小学，了解小学的建构特点。有了这样的前期经验，幼儿自然能够更好地搭建。

（2）有针对性地选择建构材料。建构游戏作为一种建筑活动，当然离不开建构材料，它是开展游戏的物质保证，也是丰富建造内容、发展幼儿创造能力的必要条件。但建构材料并不是越多越好，而要体现目的性、丰富性、可塑性、层次性。在搭建小学的过程中，教师选择的炭烧积木体积较大，呈现出来的效果比较宏伟壮观。有的教师选择了一些晨间锻炼器材，如梯子、轮胎等，搭建出来的效果更有实用性，可以结合角色游戏延伸下去。因此，教师平时在组织建构活动时，应该根据本班幼儿的年龄特点，提供适宜的、足够的材料，支持幼儿的创造性游戏。

2. 游戏中的指导——观察、合作、支持、引领

（1）注重交往，发展幼儿的合作能力。中、大班幼儿的建构游戏不再以单独游戏为主，而应趋向于群体化。这样才能让幼儿感受到合作的重要性，让合作成为游戏成功的"阶梯"。

（2）建立常规，培养幼儿的行为习惯。幼儿在建构游戏中，常会为争夺同一材料而发生哭闹、争吵等现象，或者发生乱扔、乱敲打材料的情况。要想从根本上解决这些问题，一个重要的切入点就是发挥幼儿的主观能动性，让他们自觉建立并遵守基本的游戏常规——懂得谦让；使用正确的方法；有顺序地取放；用完放回原处等。当发生上述情况时，请幼儿自己分析问题、解决问题，真正做到"我的建构我做主"。这样一来，幼儿就会有主人翁意识，就会逐步形成良好的习惯。

（3）启发引导，扩展建构游戏的内容。由于幼儿的社会经验和知识有限，在建构的过程中难免会出现问题。我们可以通过巡回观察来了解幼儿的游戏

状况，判断幼儿的游戏需要，进行适时的指导。教师有目的地诱导启发，能极大地激发幼儿联想，不断创建出新的作品。

（4）创设机会，促进幼儿相互学习。幼儿搭建完以后，要为幼儿留出充足的时间进行交流。相互模仿、相互学习是非常重要的，只有这样，幼儿才能获得提高。

（江苏省南京市鼓楼区五塘幼儿园 祁丹慧）

26. "根据幼儿的已有经验，确定健康教育目标"教研方案

【研训背景】

我园在健康教育内容的选择上，以《3—6岁儿童学习与发展指南》和《学前儿童健康教育论》为依据，结合"饮食营养和身体生长"方面的研究，旨在借助专业资源，解决幼儿生活中的健康教育问题。

《3—6岁儿童学习与发展指南》在健康领域的教育建议中指出："参照《中国孕期、哺乳期妇女和0—6岁儿童膳食指南》，为幼儿提供谷物、蔬菜、水果、肉、奶、蛋、豆制品等多样化的食物，均衡搭配。"大家都知道"早餐要吃好，午餐要吃饱，晚餐要吃少"，早餐的重要性毋庸置疑。而在现实生活中，成人和孩子都存在着早餐质量不高、食物单一等问题。

课改组的老师们在研讨的基础上，对中班幼儿和家长的吃早餐情况进行了问卷调查和谈话调查，发现中班幼儿和家长在吃早餐方面存在很大问题，幼儿的问题集中在不想吃、不专心吃、来不及吃；家长都知道应该为孩子准备营养丰富的早餐，但对吃什么、吃多少、如何吃等缺乏科学的观念，因此我们将活动定位为亲子健康活动。在确定内容的过程中，我们存在一个困惑：用哪些方法调查家长和孩子的已有经验，确定健康教育的目标？

【研训对象】

健康教研组成员12位、顾荣芳教授、朱清老师

【研训课时】

3课时

【研训目标】

（1）通过观摩活动案例、研讨等方式，了解幼儿在生活中容易出现的问题，掌握应对的策略与方法，帮助幼儿养成良好的行为习惯。

（2）在相互碰撞和交流中，在专家的引领和点拨中，进一步明确健康生活对幼儿成长的重要价值，并通过分享和内化，了解如何开展健康教育活动。

（3）主动收集、分析相关信息，不断进行反思，与家长进行有效的沟通合作，共同促进幼儿的发展。

【研训准备】

（1）主持人准备：电脑、投影。

（2）参与教师准备：白纸、12色水彩笔若干。

【研训空间】

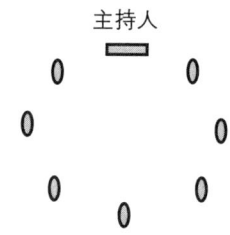

【研训过程】

环节一：看一看

组织方式：现场观摩。

地点：教室。

过程：

1. 主持人介绍研训话题，教师带着话题去观摩。

2. 观摩中三班亲子健康教学活动《我的爱心早餐》、中一班区域活动。

环节二：说一说

组织方式：交流研讨。

地点：多功能活动室。

过程：

1. 主持人介绍活动背景，叶丹老师、杨长红老师分别说课。
2. 教师分成团队进行研讨（20分钟）。
3. 每个团队派代表发言。

（1）针对健康教学活动《我的爱心早餐》，教师的看法和反思如下：

唐晨：老师能跟家长围绕核心话题进行交流，并及时地进行提炼总结。不足的地方是活动中提出的问题不集中，家长在活动的过程中显得比较被动。早餐达人介绍制作的早餐时，出现了甜品和腌制的食品，是否妥当？

周青：这个活动形式新颖，既有家长沙龙，又有专家的讲解。但是幼儿的主动性没有在活动中充分发挥出来，建议让幼儿说一说为什么不愿意吃早餐。

张莉：这次活动形式丰富，家长从中也可以学到很多。但是活动时间比较紧，早餐达人介绍完，有些家长还是不会。建议介绍几种简单易做的早餐，便于家长学习。

冷娜：活动形式新颖，解决问题的切入点很好。建议：改成圆桌形式，创造轻松愉悦的氛围；早餐达人现场做一个五分钟的早餐，家长可以向早餐达人学习。幼儿可以在一旁观看。

袁伟萍：这种亲子活动的形式值得我们学习。老师摆放了很多食物，场地显得有些乱，是不是可以分类摆好。另外，可以让幼儿自己拍摄视频，说一说自己为什么不愿意吃早餐、喜欢吃什么样的早餐。

张岚：老师的观察非常细致；家长资源利用得很好（专业医生、视频录制、早餐达人），实现了真正的家园共育；教师有很强的科学意识，图标呈现富有多样性。疑问：健康活动的主题究竟是针对幼儿还是家长？专家讲解的时候，幼儿是否可以留在现场？情景表演中儿歌的设计比较难，可以进行调整。

顾老师：这个活动采用亲子共育的形式，充分体现了原创性，值得大家一起去研究。有两个问题需要注意——如何在活动中平衡家长和幼儿的关系？怎么做能够让家长和幼儿在活动中同时受到教育？

（2）针对区域活动，教师的反思和评析如下：

刘晶晶：中一班区域游戏氛围浓厚，但少了一些步骤的展示。区域中做月饼主题很好，但家长志愿者比较高控，应让孩子自己动手参与。

张璐：区域活动做月饼很好，符合主题。孩子动作比较快，可以提供多种材料（如鹌鹑蛋）、多种工具（如夹子、镊子等）给幼儿操作，发展幼儿的小肌肉群。但要注意保证生活区的卫生，幼儿选择时注意定量，避免浪费。

环节三：做一做

组织方式：亲身操作。

地点：多功能活动室。

过程：

1. 早餐达人现场讲解自己是如何制作早餐的，并现场制作2—3种早餐。

2. 老师们和早餐达人一起学习制作早餐。

3. 主持人发言。

现场教学活动、专家讲解、达人演示、亲身操作等环节让教师对本次活动有了深层次的体验，希望教师能将这种健康生活的理念带入日常教学和生活中。

【研训拓展】

（1）后续教研中要加强前期准备，注意分析：班上幼儿存在哪些健康问题？你运用了哪些方法和策略去调查分析幼儿的已有经验？你的教学目标是否适宜？充分的准备是成功的保证，教师平时要注意收集幼儿在健康方面存在的问题，用观察、调查表、谈话、家园联系等多种方式，了解幼儿已有的经验，这样在活动中才能做到有的放矢。比如，同样是饮食营养教育，要针对幼儿以前和现在不同的生长问题或同一生长问题的不同原因，有目的地选择教育重点。教师只有不断地反思自己的教育价值观、反思教育目标的确定缘由、反思教育目标的实现过程、反思教育目标与教育结果的差异，才有助于增进目标意识，不断形成科学且适宜的活动目标。只有这样才能让教研活动的目标落在实处，真正做到"以生为本，以学定教"。

（2）后续教研中要继续学习健康领域的关键经验，加强团队协作，与同事合作交流，分享经验和资源，共同发展。园本教研不是教师个人独立的研究活动，而是建立在个人自主研究基础上的同伴互助式的团队研究活动。只有发挥团队的作用，才能花费最小的力气得到最大的收获，丰富教师的实践经验，让教师在每次活动中都能有所得。合作研讨应遵循以下几个原则：

①提供的意见要以能够激励教师自我发展为目的。

②为教师提供的具体改进意见不宜过多，以免教师抓不住重点。

③教师之间要以诚相待，不吹毛求疵。

④园本教研要以发现问题为出发点，以问题解决为落脚点，要注重总结与归纳提炼。

⑤要重视回到实践，接受实践的检验。

（3）将亲子课程纳入健康教学活动中。家长所持的饮食营养教育观念及行为，会直接影响幼儿健康饮食习惯的养成，因此，家园要携手共同促进幼儿的发展。学前儿童的健康教育是生活教育，需要在日常生活中加以渗透。而健康教育不仅在托幼机构得到体现，毫无例外地也会在家庭中得到体现。若家园协同教育，则学前儿童健康教育会事半功倍。幼儿的健康行为发展层阶由低到高依次为：由成人帮助的健康行为——经他人提醒的健康行为（初级水平）——自我努力的健康行为（中级水平）——自动化的健康行为（高级水平）。由此可以看出，幼儿早期健康行为的形成与家长的行为意识有很大关系。而且学前儿童健康教育是一致性的教育，因此家园必须保持一致。

【研训展析】

（1）教研活动前要确定研训主题，解决教师的困惑。"凡事预则立，不预则废"，园本教研活动的顺利开展与预期目标的有效达成，在很大程度上依靠事先的准备和策划。因此在活动前，我们收集了全园教师在健康教育活动中存在的问题和困惑，按照由易到难的顺序进行排列，然后专门制订教研方案。大家经过探讨和学习得出以下结论：

①个别对话——深入了解幼儿的原有经验：个别对话能激发不同的幼儿

讲述自己的已有经验，有助于教师倾听不同幼儿对同一话题的不同解答，帮助教师了解幼儿已有经验的由来，合理选择教学活动的内容。

②与幼儿同乐——捕捉判断幼儿的已有经验：与幼儿同乐能营造平等、宽松的活动氛围，有助于教师捕捉幼儿最自然、最真实的经验，帮助教师解读幼儿对同一内容使用的不同方法，从而了解不同个体已有的经验水平，有效选择教学内容。

③家园联系——分析尊重幼儿的已有经验：家园联系能拓展教师了解幼儿已有经验的途径，有助于教师准确地解读幼儿的经验行为，帮助教师获得不同的个体在不同的场景中所呈现的经验差异，从而更好地创设合适的时机，为幼儿提供表现已有经验的机会。

（2）教研活动中：丰富研训形式，避免枯燥说教。

①观摩教学、小组讨论。教师个人研究与园本教研的区别在于，后者实质上是团队成员之间的相互交流与互动，这就要求我们采取多种方式，有效地激发教师在研讨活动中的参与性与主动性，使研究层层深入，不断接近问题的本质。我们在本次活动中努力做到：简单问题大家谈——层层深入分解谈——提升问题延伸谈。

②家长资源、家园共育。一方面，幼儿家长是园本教研的重要参与者，能够为园本教研提供新的分析问题的视角，能对幼儿园教育教学提出不同的要求和期望，可以推动幼儿园园本教研活动的广泛开展；另一方面，园本教研的目的在于提高幼儿素质教育的水平，幼儿家长也是园本教研的直接受益者，家长能够从他们对幼儿园教育教学需求的角度，启发我们发现与确定幼儿园教育教学中的重要问题。因此，教师不仅要在平常教学活动中，而且要在专业化的园本教研实践中，加强与家长的联系。如果条件具备，可以邀请家长一起开展教研活动，这样做不仅有助于向家长传递科学的教养方法，而且能够加深家长对幼儿教育理念的理解，使家长更好地支持与配合幼儿园教育教学活动的开展。

③课后研讨、专家引领。专业研究人员和教师一起面对面地相互切磋、

交流、研讨、反复研究教学的成功与失误。在这一过程中，教师体验到合作是一个促进自身成长的过程——自己不仅能从他人那里直接获得有益的理论知识和实践经验，而且能验证自己的观点是否科学、合理。因为教育专家和同事的发言，都是他们多年潜心探索的结果，是他们感性经验的升华和先进理念的具体化。通过讨论与教育相关的理论与实践问题，幼儿教师可以深入思考在教学情境中遇到的问题，借鉴和吸收他人的观点和方法，扩展自己的知识面和专业视野，促进自身的专业成长。

（3）教研活动后：亲身实践操作，促进健康生活。这次教研从教师的情感、兴趣、需要、发展的角度出发，体现了一定的灵活性。我们注重在园本研修中渗透"健康生活"的理念，例如，在活动中我们发现教师对早餐达人制作的早餐非常感兴趣，所以最后，我们邀请早餐达人来教全体教师学做早餐。这样做使得教研活动变得更加丰富，同时也极大地调动了教师参加教研活动的积极性。

【研训资料】

> 健康教育目标[1]

幼儿园健康教育活动的目标需要通过一定的表述形式加以展示，一般而言有三种表述方式，即行为目标、表现性目标和生成性目标。所谓行为目标，是以具体可操作的行为形式陈述的教育教学目标。行为目标指明教育教学过程结束后儿童所发生的行为变化。泰勒认为，行为目标有助于选择学习经验和指导教学。所谓表现型目标是指每一个学生在与具体教育环境的种种"际遇"中所产生的个性化表现。表现性目标追求的不是儿童反应的同质性，而是反应的多元性。所谓生成性目标是指在教育环境中随着教育过程的展开自然而然生成的教育教学目标，它是教育环境的产物和问题解决的结果。生成性目标的本质是过程性的，儿童可以对自己感兴趣的问题进行深入的探究，因而产生对结果的心得设计。生成性目标在实践中是比较难确定的，因为有

---

[1] 顾荣芳. 学前儿童健康教育论[M]. 南京：江苏教育出版社，2009：165-166.

时无论教师还是儿童都不知道学习什么是最好的或者是最合适的。

➢ "学前儿童健康行为养成层递假说"之理论基础[1]

提顿斯（Tetens）以沃尔夫的官能心理学为基础，始创心理结构"认识、情感、意志三分法"，康德亦为提顿斯"三分法"的继承者，后又有人将"三分法"中的"意志"引申为"意志和行为"。从而将"三分法"演绎为"四分法"。20世纪初，日本健康教育专家在借鉴心理学理论的基础上，提出健康教育就是使受教育对象拥有健康知识、转变健康态度、形成健康行为。"学前儿童健康行为养成层递假说"反映了学前儿童健康教育目标系统由学前儿童获得健康知识、改善健康态度和养成健康行为构成。其中核心目标是学前儿童健康行为的确立和保持。

中国哲学史上关于"知行关系"的争论概括起来不外"知易行难，行是知的体现""知难行易，知是行的先导""知行合一，知难行亦难"三种看法。在不同的领域、不同的事物和不同的对象身上，知行的先后问题、难易问题都可能是千差万别的，我们认为，对于健康教育的对象、健康行为的执行者学前儿童来说，"知行相伴，知易行难"（这里"知"的深浅难易以学前儿童的认知水平为前提）。学前儿童健康教育领域，"行"的问题是最突出的，与朱熹所说"论轻重，行为重"十分相宜。

"学前儿童健康行为养成层递假说"取行为主义心理学、人本主义心理学之长，吸收班杜拉的社会学习理论、斯金纳的即时强化理论以及激发内因的人本主义思想，主张在学前儿童健康行为养成过程中给予学前儿童良好的行为示范，对学前儿童的健康行为及时予以鼓励，同时应激发学前儿童的内在动机。

系统科学对"学前儿童健康行为养成层递假说"具有方法论意义，"学前儿童健康行为养成层递假说"从多维角度关注学前儿童健康行为养成的层次性、结构性和动态特征。

（江苏省南京市南京医科大学幼儿园　张璐）

---

[1] 顾荣芳. 学前儿童健康教育论［M］. 南京：江苏教育出版社，2009：106.

实践篇　幼儿园教研活动设计方案

27. "幼儿园一日生活中绘本阅读的适宜性"教研方案

【研训背景】

本次教研活动围绕幼儿园一日生活中绘本阅读的实践研究进行。在"十二五"省级课题《幼儿园不同文体绘本的教学策略研究》中，我园探索并总结了不同文体绘本教学策略的特点。幼儿对阅读的探索并不局限于成人定义的"故事、散文、儿歌"，他们喜欢阅读多种多样的材料，其中包括结构和质地不同的图书，例如布书、发声书。他们也会阅读各类报刊，例如，《东方娃娃》《婴儿画报》等。我们根据幼儿的年龄特点，在中、大班开展"科学类绘本阅读的教学"，希望能通过教学总结出指导幼儿阅读此类读物的方法，使幼儿更好地掌握阅读这类读物的方法。在之前的研究中，我们发现很多优秀的绘本不仅局限于教学活动，幼儿更乐意表演它、谈论它，甚至做与之相关的游戏。教师也会根据相关主题选择绘本来开展活动，比如，在春天的主题中，大班选择绘本《999个青蛙兄弟的春天》。这不仅增添了主题活动的内容，使主题内容更加丰富活泼，而且充分利用了绘本这一资源。

于是，我们将绘本融入区域游戏：在美工区制作、在阅读区阅读、在表演区演绎。这个过程中出现了以绘本为主、主题淡化的情况。例如，在小班"亲亲热热一家人"主题中，教师提供了绘本《蛋宝宝》。在实际操作的过程中，出现主题整体偏离、主题目标达成较为牵强的情况。另外，围绕绘本设置的游戏内容过于单一、幼儿的阅读量及自主阅读并没有得到提高等，都是教师面临的问题。经过一段时间的摸索，我们发现主题、区域与绘本之间是框架与螺丝钉的关系。主题背景下的内容需要教师利用丰富的绘本及相关阅读材料来支撑、利用区域游戏来激发和巩固。但是，我们在实际操作中也存有一些疑问：科学类绘本的教学策略是什么？在主题背景下，绘本的选择标准是什么？如何在区域活动中适当地使用绘本？图书室活动除了常规方面的要求，如何帮助幼儿获得阅读经验？这些都是需要我们思考的。

【研训对象】

园语言组成员、区教科研负责人培训班成员、唐淑教授、张慧和教授、华希颖副教授、李宗玉老师

【研训课时】

3课时

【研训目标】

（1）在教学活动、区域活动及图书室活动的观摩和研讨中，不断探讨、总结绘本在一日生活中的运用。

（2）进一步研究、分析幼儿一日生活中的多个环节，不断拓宽研究的思路，采取多种有效的教学手段及游戏形式，帮助幼儿深入、广泛地进行阅读。

（3）在区教科研负责人培训班这个教研平台能大胆表达自己在研究中遇到的困惑，敢于和专家、姐妹园的园长、老师们进行脑力碰撞，不断提升自己的专业能力。

【研训准备】

（1）空间：大家围成马蹄形落座，讨论时按照颜色分小组围坐。

（2）准备：电脑、投影、桌子、椅子；黑板、四色教研内容安排、四色海报卡纸、笔。

【研训过程】

环节一：主持人介绍本次教研活动的内容，提出教研的任务

主持人介绍本次教研活动的具体安排，包括时间、地点及相关内容等，并为参会人员随机分发四色教研内容安排计划表。

主持人："如何有效促进幼儿园一日生活中的绘本阅读"是本次研讨的核心话题，请大家围绕这个问题，为我们的研究不断拓宽思路提供帮助。

环节二：根据安排，集体观摩教研现场

环节三：主持人介绍教研背景，抛出教研中的困惑

参会人员按照随机分发的四色教研内容安排计划表，自动分为四组，并围坐在马蹄形桌旁。

主持人：在上学期的研讨中，我们获得了很多宝贵的经验：进一步明确了主题、区域和绘本三者之间的关系。绘本为主题服务，区域利用绘本来激发和巩固主题内容，主题引发幼儿对相关绘本的兴趣，三者相辅相成。但是，我们在以下几方面始终存有困惑：科学类绘本的教学策略是什么？在主题背景下绘本选择的适宜性是什么？如何在区域活动中有效地使用绘本？图书室活动除了常规方面的要求，如何帮助幼儿提升阅读经验？这些都是我们需要思考的。

环节四：执教老师根据班级活动进行说课

主持人：接下来请执教老师根据今天的活动内容进行背景介绍和说课。

（说课过程略）

环节五：集体研讨

园语言组成员、区教科研负责人以及培训班成员按照颜色分组，围绕核心话题进行研讨，并梳理相关核心经验。

环节六：每小组根据核心话题分享心得

【研训拓展】

（1）根据专家与同行给予的指导与建议，研训成员再次进行研讨和学习，制订下一次教研活动的目标。

（2）集中学习和研讨：绘本、主题与课程三者之间的关系。

【研训展析】

（1）前期准备要充分了解参与者的困惑，聚焦教研核心问题。教研活动是一种集体活动，大家在教研活动中集思广益，共同成长。教师不是被动地听讲，而是主动参与。每一位教师都有发言讨论的机会，把自己的感受与困惑、心得与体会、方法与手段说出来，让大家共同分享经验，利用集体的智

慧互相切磋、互帮互学、共同进步。教研中的每一位成员既是旁观者，也是参与者；既要从旁指导，又要身体力行。有了亲自操作的经验，之后再聚焦问题，可以帮助教研活动有目的、有针对性地展开。

（2）教研过程中发挥组员的力量，激发探讨。研究过程不能只局限于说说，重要的是将教师的见解记录下来，整理并总结，然后落实到行动中。讨论中，教师应充分展示自己已知的理论、经验，说出自己的困惑，找出解决问题的方法，尝试解决问题，然后根据实际的反馈，做出下一步行动的决策。活动的特别之处在于，利用优质资源，激发不同群体之间的思想碰撞和探讨，从而促进本园教师对目前教研内容的认识和经验梳理，在此过程中，教师的角色由旁观者转变为具有主导性质的参与者和组织者。

（3）梳理核心观点，邀请专家点评与指导。园教研组成员在进行对话探讨的同时，总结梳理小组范围内的经验与困惑，将研讨内容以关键词或网络图等形式绘制于海报上。这种方式便于呈现困惑与讨论的结论，便于专家进行有针对性的点评和指导。小组成员梳理与总结的过程，也是再学习和升华的过程。将零散的观点与意见合并提炼后进行表达，也是组员在研讨过程中的学习。向专家及时反馈，可以获得有针对性的指导，实现本次教研的目标。

（4）结合理论、园本实践，寻求突破。在获得专家的指导之后，再次进行组内研讨与学习。结合相关书籍，进行理论方面的学习；结合实践经验，再次探索验证。只有明确了困惑，有针对性地解决困惑，才能更好地实践与尝试，促进教研的进步，获得突破。

【研训资料】

> 幼儿在语言领域的关键经验[1]

让幼儿在写写画画的过程中体验文字符号的功能，培养书写兴趣。如：准备供幼儿随时取放的纸、笔等材料，也可利用沙地、树枝等自然材料，满足幼儿自由涂画的需要。鼓励幼儿将自己感兴趣的事情或故事画下来并讲给

---

[1] 中华人民共和国教育部制定. 3—6岁儿童学习与发展指南[M]. 北京：首都师范大学出版社，2012.

别人听，让幼儿体会写写画画可以表达自己的想法和情感。把幼儿讲过的事情用文字记录下来，并念给他听，使幼儿知道说的话可以用文字记录下来，从中体会文字的用途。

➢ 日常活动中早期读写情境的创设[1]

幼儿书面语言的关键经验来自幼儿的文学经验和早期读写经验。对照有利于幼儿早期读写能力发展的家庭环境，我们会发现，幼儿园日常生活情境与家庭生活情境具有一定的相似性。在组织某些日常活动时，教师较少预先制定目的和要求，教育的目标一般依据不同幼儿当时活动的内容和情绪状态而定，具有随机性和个别性。此时，幼儿活动的自由度较大，他们可以自由进行空间上的移动和活动内容上的转换，随时可以从事或者终止某项活动，还可以随时向老师提出请求，与老师就自己感兴趣的话题进行交谈等。因此，教师完全有可能在日常生活中为幼儿的有效早期读写提供有力支持和必要的帮助。区域中纸和笔的提供，方便幼儿自由取放和使用；鼓励幼儿将想法和意见记录保留下来；在阅读区提供阅读记录本，供幼儿根据绘本抒发联想与感受……

（江苏省南京市南京大学幼儿园　李玲君）

---

[1] 周兢. 早期阅读发展与教育研究［M］. 北京：教育科学出版社，2007.

28. "棋类游戏的组织与实施"教研方案

【研训背景】

幼儿园的很多班级在区域活动中开展棋类游戏,一般有围棋、飞行棋、跳棋、象棋和简单的自制棋等。由于这些棋类游戏难度较高、缺乏童趣、远离幼儿的生活经验,因此教师在组织这类活动时,往往只是将材料投放在区域中,很少关注幼儿学习的过程、幼儿在棋类游戏中的情感体验等。《幼儿园教育指导纲要(试行)》指出,以游戏为基本活动,那么,如何树立课程游戏化的理念,依据《3—6岁儿童学习与发展指南》去投放材料,诱发幼儿的游戏行为,挖掘棋类游戏自身的教育价值,让幼儿在游戏中体验、在游戏中学习、在游戏中成长呢?这是本次活动关注的重点。

【研训对象】

各班级教师30人

【研训课时】

2.5小时(4课时)

【研训目标】

(1)通过现场观摩、互动式研讨等方式,关注在幼儿园组织实施棋类游戏的价值。

(2)在团队互动的引领下,了解棋类游戏形式的多样化,挖掘棋类游戏中的教育因素,在班级中有效地开展棋类活动。

【研训准备】

(1)确立小班活动案例《好玩的骰子》。

(2)进行班级开展棋类游戏活动情况的问卷调查。

（3）将教师座位分成4组，每组准备一张大白纸、一盒水彩笔。

（4）准备材料包《乐在棋中——儿童棋类游戏总动员》。

【研训空间】

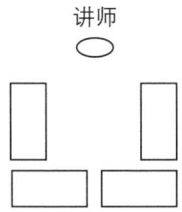

【研训过程】

环节一：回顾已有经验，引出话题

1. 主持人介绍《关于班级开展棋类游戏活动情况的问卷调查》。

2. 个别教师谈谈自己对班级开展棋类游戏的认识。

3. 主持人简单小结。

环节二：认识"棋"，初步明确棋类游戏的基本概念

1. 认识棋：棋的组成部分包括棋谱、棋子、骰子、规则等，其中棋谱有很多类型，既有竞赛类棋，又有对弈类棋。

2. 梳理棋类游戏的基本概念：通常将幼儿依托棋类玩具而开展游戏的过程称为"棋类游戏"。按照传统游戏的分类方式，棋类游戏是幼儿园规则游戏的一种形式，更是区域活动的一个组成部分。当前，大多数幼儿园都可以看到棋类玩具的身影，主要包括飞行棋、象棋、军棋、跳棋、专门的成品棋等，这些棋类玩具成为幼儿开展游戏的媒介。

环节三：观摩现场教学活动——小班棋类活动《好玩的骰子》

1. 主持人提出问题。

主持人：幼儿园开展棋类游戏活动，对于幼儿的发展到底有哪些价值呢？棋类游戏可以在小班开展吗？今天我们先观摩一下×老师带来的小班棋类活动《好玩的骰子》。在观摩活动前请老师们带着以下三个问题进行思考：

（1）幼儿对该活动感兴趣吗？你是怎么看出来的？幼儿在这个活动中获

得了哪些关键经验？发展了哪些能力？对幼儿今后的学习与发展会产生什么作用？

（2）该活动适合小班幼儿吗？该活动对你挖掘游戏材料、开展游戏化教学活动有什么启示？

（3）对活动中观察到的幼儿的表现，你会做何分析？你会抓住什么关键点引发幼儿接下来的游戏？

2. 观摩小班活动《好玩的骰子》。

环节四：分组研讨，集体分享

1. 执教老师介绍活动设计思路和活动效果。

2. 小组研讨：分别围绕一个重点问题进行讨论分析，并结合不同年龄段幼儿的特点，谈谈小、中、大班分别可以开展哪种形式的棋类活动。

3. 小结：作为幼儿园规则游戏的一种，棋类游戏深受幼儿喜爱，那么怎样将棋类游戏作为载体来促进幼儿的发展，是我们需要关注的。今天的研训活动为教师们在班级工作中更好地组织棋类游戏提供了灵感。

（1）以下问题应该引发大家深度思考：如何为不同年龄段幼儿提供棋类游戏材料？如何利用棋类游戏中的因素帮助幼儿丰富经验。比如：小班幼儿处于平行游戏和独自游戏的阶段，教师的关注点更多的是幼儿玩材料，在与材料的互动中体验游戏的快乐。随着年龄的增长、经验的丰富，中、大班幼儿进行游戏时不但会关注自己怎样玩，还会关注别人是否遵守游戏规则，学会协商、创造等。

（2）教师的支持策略非常重要，要追随幼儿的发展进程，善于用追问、动作暗示等方式，把教育目标和要求通过隐性的方式传递给幼儿。教师要不断进行体会和实践。

4. 拓展性学习材料：《乐在棋中——儿童棋类游戏总动员》材料包。

棋类游戏不仅可以在区域活动中开展，而且可以结合我们的主题课程，挖掘出更有趣味的活动。大家可以参考《乐在棋中——儿童棋类游戏总动员》这套材料包，结合课程内容和幼儿的兴趣点，开发更有个性的棋类游戏。

【研训拓展】

（1）可以录制一些中、大班棋类游戏的现场视频，在培训时进行播放，引导教师分析视频中师幼互动的行为，寻找可以借鉴的经验或者提出改进建议。

（2）在后续活动中可以选择小、中、大班不同年龄段班级开展棋类游戏的活动视频，共同研讨各年龄段可以开展什么类型的棋类游戏。

【研训展析】

本次研训我们以"课例"为载体，围绕棋类游戏的组织与实施进行了问卷调查、现场观摩、团队合作、经验提升等多种形式的研讨。首先，通过前期的问卷调查，了解教师们对棋类游戏开展的基本认识，抓住教师们关注的问题进行重点讨论。其次，借用小班棋类活动现场教学，为教师打开思路，了解棋类游戏不只是中、大班放在桌面玩的玩具，而且可以挖掘出各种体验式游戏，促进幼儿的发展。最后在集体分享中，教师们梳理了思路，开阔了眼界，为在班级中更好地开展棋类游戏做好了准备。

【研训资料】

➤ 棋类游戏

通常将幼儿依托棋类玩具而开展游戏的过程称为"棋类游戏"。按照传统游戏的分类方式，棋类游戏是幼儿园规则游戏的一种形式，更是区域活动的一个组成部分。

➤ 前期调查问卷

关于班级开展棋类游戏活动情况的问卷调查

班级_____　　填写者_____

古人云：炼智宜弹棋。棋类活动是一种老少皆宜、益智、开拓分享的社会性活动。为了了解我园教师在班级中开展棋类游戏的情况，请您根据自身情况如实回答下列问题。

（1）您所知道的适合在幼儿园开展的棋类游戏有哪些？在哪个年龄段开展？请举例说明。

（2）您在班级中组织开展过棋类游戏吗？是如何进行此项活动的？

（3）您认为棋类游戏对幼儿的身心发展有什么价值？

（4）如果让您在班级中开展棋类游戏活动，您会怎样组织？

小班棋类活动：好玩的骰子

活动目标：

1. 认识骰子，知道掷骰子的游戏方法。

2. 能目测1—3种动物，并用动物的叫声表示出来。

3. 乐意参与游戏，并能体验到游戏带来的乐趣。

活动准备：

自制的骰子道具人手一个（每一面贴有小动物图片，数量为1—3）、教师用大骰子一个（每一面贴有小动物图片，数量为1—3）、神秘袋一个。

活动过程：

一、出示神秘袋，让幼儿猜猜神秘袋中有什么

1. 出示神秘袋。

2. 请幼儿伸手进去摸一摸，然后猜猜里面装着什么。

二、请幼儿探索小方盒的用途

师：这些纸盒子可以怎么玩游戏呢？我想请小朋友们来试试看。请你们一人拿一个小方盒玩一玩，一会儿请你告诉我，你是怎么玩的。

幼儿探索小盒子的玩法。

三、集体讨论，认识骰子及骰子的玩法

1. 集体讨论小方盒的玩法。

2. 认识骰子。

3. 观察、认识骰子。

师：你们看一看骰子上都有些什么？

骰子就是一个方形的小盒子，上面有各种图案。

4. 教师向上抛骰子，和幼儿一起讨论骰子的玩法。

师：小朋友们，老师刚才做了什么动作？现在我们看到的是什么动物？我们向上扔骰子，上面显示的是什么动物，我们就学这种动物的叫声。你们想不想跟我一起玩这个游戏啊？

四、玩"掷骰子"的游戏

1. 请幼儿和老师一起玩"掷骰子"的游戏。

2. 请幼儿观察骰子上小动物的数量有什么不同，讨论用什么方法表示出骰子上小动物的数量。

3. 再次玩"掷骰子"的游戏：骰子上面有几个动物，就到动物家门口叫几声，叫声对了动物就会开门。

（江苏省省级机关实验幼儿园　赵慧芬）

29. "歌唱游戏化教学的歌曲调整、歌词提问策略"教研方案

【研训背景】

在"课程游戏化"背景下，根据幼儿的年龄特点、成长需要及对游戏的兴趣和需要，我们尝试进行了"音乐活动游戏化"的研究与尝试。近期，我园在歌唱游戏化教学设计与开展的研究过程中，发现在歌唱教学过程中，幼儿歌唱的熟练度和音准度有时呈现出较大的差异。为什么会出现这样的情况？幼儿歌唱的熟练度与哪些因素有关？如何调整可以让幼儿歌唱的流畅性更好，带来更好的审美体验？在教学过程中如何有效使用策略帮助幼儿尽量唱准旋律？

通过前几次教研活动，我们发现歌词的难度、教师帮助幼儿感知和理解歌词的策略，以及教师歌唱的速度在很大程度上会影响幼儿歌唱的熟练度；教师歌唱的速度与钢琴伴奏的复杂程度、音响效果在一定程度上会影响幼儿歌唱的音准。如何帮助教师在了解幼儿年龄特征的基础上，调整歌曲难度、调整自己歌唱的速度、调整钢琴伴奏的音效适宜度、调整教学语言，这些都成为此次教研需要澄清的重难点。

【研训对象】

新手教师（1—3年）4名、成长型教师（4—9年）5名、骨干教师（10年以上）5名

【研训课时】

4课时

【研训目标】

（1）在关注幼儿年龄特点和个体差异的基础上，努力探索歌唱游戏化教学中支持幼儿成长的策略。

（2）在歌唱游戏化教学中发现问题，通过团队力量，努力探索回应幼儿的策略，并在实操练习中验证、调整策略。

（3）提升教师面向低龄幼儿演唱歌曲的能力。

（4）提升教师在歌唱游戏化活动中语言的有效性，激发幼儿的思维、想象力。

【研训准备】

电脑、投影及音响设备；数量与教师和幼儿人数匹配的椅子；磁性黑板两块；磁钉若干。

【研训空间】

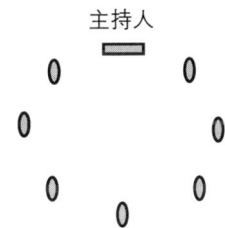

【研训过程】

环节一：教研组长分享宝典

前期积累的歌唱教学流程、要求等策略方法；教学活动的目标、唤醒游戏的内容。

环节二：观摩两节教学活动

中班歌唱：《熊宝宝搬家》（执教：蒋倩）

熊宝宝搬家

熊宝宝熊宝宝，要呀要搬家，

玩具呀玩具呀，真呀真多呀，

熊宝宝熊宝宝，怎呀怎么办，

好朋友好朋友，来呀来帮忙。

大班歌唱：小鸡过河（执教：周琴）

小 鸡 过 河

一只小鸡要过河，咯咯唱起歌；
带着面包和糖果，要去看外婆；
来到小河边，急得叫咯咯；
河水宽宽水流急，这可怎么过？

环节三：唤醒游戏，歌词修改练习与分享

在教研前三天，业务园长在教研组群里分享一首歌曲及其年龄段，大家先独立思考，并按照相应的年龄段调整歌词的难度。在教研活动中，大家即时分享各自的想法，根据修改情况，小结相关的歌词修改策略。

环节四：分组讨论

根据核心话题分组讨论以上两个教学活动，每个小组根据核心话题给予每个活动相应的赞和建议。

第 一 小 组

第一个中班歌唱活动：赞

教师教态比较自然、亲切。在与幼儿互动的过程中，教师的眼神一直和幼儿平视，体现了比较好的交流、互动意识。教师在活动中进行了歌曲反思，关注到了幼儿在学习歌曲过程中的困难。

困惑和建议

教师使用图谱，试图帮助幼儿解决理解、记忆歌词的困难，但是从现场情况来看，并没有较好地解决这个问题。教师在教学中对歌词进行了一定程度的解释，但是在教学过程中，幼儿对"搬家"这个词语仍然存在一定的困惑。教师使用图片引导策略，帮助幼儿反思自己的歌唱情况，但是在前面环节中并没有出现幼儿借助图片感受、熟悉歌词的过程。所以在这个时候出现图片，幼儿无法将图片和歌词的含义做有效衔接，反而成为幼儿反思理解、记忆歌词的障碍。

第二个大班歌唱活动：赞

教师在示范唱时，用动作策略帮助幼儿理解歌词，这是非常好的学习策略，同时教师关注到幼儿更多可以使用无意注意倾听歌曲，所以按照歌词的情境设计了幼儿边听教师示范唱歌、边将帮助小鸡过河的方法画出来的环节。

困惑和建议

教师引导幼儿歌唱的机会相对较少，感受歌曲的机会相对较多。

第 二 小 组

第一个中班歌唱活动：赞

和第一组提出的问题类似。此外，教师在做点兵点将游戏时，尽量保持和幼儿眼神的平视，体现了对幼儿的尊重。

困惑和建议

在幼儿倾听歌曲环节，教师提问的顺序不清晰，幼儿理解、记忆歌词有一定困难。幼儿在活动中、后期歌唱时有一定困难。

第二个大班歌唱活动：赞

活动形式新颖，幼儿在倾听的过程中，将帮助小鸡过河的方法画了出来，使用了运用无意注意倾听歌曲的策略。

困惑和建议

在整体教学的过程中，教师帮助幼儿理解"河水宽宽水流急"时，解释得不够清晰，幼儿在理解"河水宽宽水流急"上有一定困难。究竟应该用什么样的标准解释幼儿不理解的歌词？这依然是一个问题。

环节五：大组教研

每组派一位教师代表发言，分享小组成员的想法。主持人根据小组研讨中提出的建议，提取关键因素，组织教师一起讨论和实践（在大组教研过程中及时记录大家的想法，便于教研后整理、积累，形成后期的宝典）。

通过两个小组的分享，发现教师们对于歌词负载量不确定。同时，对在歌曲倾听环节如何让幼儿有效倾听歌词的内容，便于幼儿理解记忆，进行了集中的讨论。经过讨论，最终得出一些教学实践上的共识。

（1）关于倾听环节教师帮助幼儿记忆歌词先后顺序的提问：按照歌词的顺序进行歌词的精细、准确提问。例如，中班歌曲的提问顺序可以调整为：熊宝宝熊宝宝要做什么事情啊？它遇到了什么困难？（如果幼儿回答不出来，可以调整为：什么东西真多呀？）熊宝宝熊宝宝，怎呀怎么办？调整后的提问过程可以较好地帮助幼儿解决倾听、理解歌词的困难，帮助幼儿较快地记忆歌词。

对于歌曲中的重点歌词，可以先帮助幼儿理解，例如，大班歌曲中的"河水宽宽水流急"，尤其是"水流急"的理解，对于幼儿来说有一定的困难。所以要在活动刚开始时进行重点解析。

（2）关于解释歌词的语言标准：要用不同的词语进行解释；可以使用一些动作、图示等对难于理解的歌词进行解释。

【研训展析】

（1）通过练习，教师调整教材的能力得到了不断提升。根据幼儿的年龄特点，我们在教研中发现，网络、书籍上的歌曲运用到教学中时，会出现歌曲难度较高、幼儿学习的困难较大等问题。这需要我们在教研过程中，帮助教师不断学习、积累修改歌曲的能力。基于我园年轻教师多，教师的音乐素养还需要进一步提升的现状，以及教师在教研活动中的发展需求，我园在不断尝试进行歌词的修改与练习，并期望在后期进行歌曲旋律和歌词的同步修改。我们总结了歌词修改的规律：

①叙事性、逻辑线索比较强的歌词：一般采用删减一个段落、删减歌词长度的方式。在保证歌词相对完整的基础上，歌词负载量也相对适宜。

②儿歌式歌曲：微调歌词内容，在适当重复中流畅歌唱，在一定的句式规律中流畅歌唱。

（2）教师们相互学习，提升语言表达能力，同时形成良好的教研团队精神。在小组分享和大组分享的交流过程中，所有的教师都在为同伴点赞，提供自己的想法和点子。更重要的是，在这个过程中，大家知无不言，言无不尽，在成就同伴的同时提升自己。

【研训资料】

➢ 创设共同学习的关键能力

学习的自我管理不仅仅发生在个人的自我学习中，也发生在团队的共同学习过程中。在团队学习的情境中，如果学习者个人能够养成习惯，经常主动地与他人、团队分享自己的各种学习经验，那么这些经验中原先不可用语言陈述或者难以用语言陈述的"缄默的知识"，就能越来越易于被陈述，即学习者能把自己的经验讲出来，并讲得清楚甚至精彩。学习者在这个过程中提升"用语言表达思想"的能力，同时学习者的思考能力以及用来思考的那些知识和知识体系也会变得越来越容易激活，更利于建构新的学习经验。

➢ 歌词的挑战适宜性

在保持歌曲旋律、节奏的基础上，关注歌词难度的适宜性。一般情况下，无规律的歌词可以调整为有一定规律的歌词，即从内容、段落、结构的角度关注歌词的规律；叙事性歌词删减部分，使其长短适宜；结构复杂的歌曲，可以适当删减副歌部分，使其旋律上口，长短适宜。

（江苏省南京市南京师范大学幼儿园　周洁）

30. "如何在幼儿园社会活动中运用图标"教研方案

【研训背景】

幼儿园面对的教育对象是3—6岁的幼儿，而此阶段的幼儿正处于从具体形象思维逐步向抽象逻辑思维过渡的发展阶段，认知水平的局限使得他们无法理解和接受大量语言符号。当前的幼儿园社会教育活动在很大程度上依然延续着传统的品德、常识活动的教育方式，因此在社会活动中会出现抽象语义教学带来的枯燥、难懂、乏味、形式单一的现象，导致幼儿不喜欢社会活动，教师不愿组织社会活动。这样一来，找到一种使社会活动变得生动有趣、教学内容易学好记、教学准备简便易行又能有效提高教育质量的新方法，是当下迫切的实际需要。

图标是指在教师教育和幼儿主动探索实践活动中运用的、能表现相关内容的、介于实物图像和抽象符号之间的、一种单个出现的起轮廓线索作用的图形标志符号。它既是抽象以后的形象，又是形象化的抽象，最易揭示事物的本质。将"图标"巧妙地运用到社会教育中，既丰富了原有的教育方式和策略，又可以将抽象的内容具体化、形象化，使活动易于理解、掌握，有效地促进幼儿社会性的发展。

【研训对象】

骨干教师（人数24—30人为宜）

【研训课时】

2.5小时（4课时）

【研训目标】

（1）感知图标的特征，尝试探讨在开展社会活动中运用图标的方式和策略。

（2）通过实践操作、小组讨论、微格教学等方式，增强研训活动的参与度，提升教师组织社会活动的能力。

【研训准备】

（1）主持人教具：写有数字和图案的座位票（与参加学习的老师的人数相等）；贴有小花图标的椅子3把。

（2）教师用具：A4记录纸；每组一本黄色N次贴、2—3张海报纸、一盒水彩笔。

【研训空间】

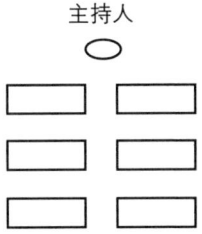

【研训过程】

环节一：游戏"对号入座"，结识本次研训活动的同伴

1. 参与教师自由选择一张写有数字和图案的座位票。

2. 主持人：请老师们根据自己手中的座位票找到相应的座位入座，坐在贴有小花图标椅子上的老师就是本组的组长。

3. 主持人现场采访个别老师：你是怎么找到自己的座位的？你判定这个座位的依据是什么？

4. 请组长做自我介绍。

环节二：经验唤醒，感知图标的特征和作用

1. 主持人：老师们还见过什么样的图标呢？请拿出一张记录纸记录下来，写得越多越好。

2. 请老师们介绍自己记录的内容，感知生活中图标的丰富性。

3. 主持人：这么多的图标符号，大家发现它们有什么共性特征呢？（简洁、抽象、表意等）图标在人们的生活中起到了什么作用？

4. 主持人介绍图标的相关理论研究内容。

环节三：呈现问题，聚焦社会活动中的困惑和问题

1. 主持人：请老师们在小组内交流开展社会活动中遇到的问题，并请组长归纳后呈现在小组记录单上。

2. 各组展示记录单，请代表进行介绍。

3. 主持人分析并聚焦共性问题，提出新问题：我们可以利用图标去解决这些问题吗？

环节四：专题讨论，梳理图标运用的方式和策略

1. 主持人结合老师们的问题，明确每个小组的讨论专题——可以依据《3—6岁儿童学习与发展指南》中关于社会领域的人际交往和社会适应两方面的具体目标来确定；也可以依据社会认知、社会情感和社会行为三个部分来确定。

2. 主持人：请大家结合自己小组的专题内容，思考使用图标的不同方式。

3. 小组内讨论并梳理记录，主持人巡回了解情况。

4. 各组展示记录的内容，请代表进行介绍。

5. 主持人以现场绘制图标的形式，对共性问题进行提炼和梳理。

环节五：微格实践，尝试将图标运用于具体活动中

1. 主持人：请每组成员结合园本课程中任一年龄段的一次社会活动，利用图标的方式进行再设计，并以微格教学的方式进行介绍。

2. 各组组长带领组员进行分工（确定活动内容、绘制图标、介绍代表等），共同完成微格教学的准备。

3. 各组进行社会活动微格教学活动的交流与分享。

4. 主持人：感谢各位老师积极参与本次研训活动，相信本次研训活动会为大家开展社会活动带来一些启发和帮助。让我们一起在幼儿社会教育中巧用图标、善用图标，更好地促进幼儿社会性的发展。

【研训展析】

（1）"图标"为社会教育活动的组织提供了新的路径，根据信息优化原则,图标的使用改变了言语讲解的单一传授方式,在保证教学内容不变的情况下,这种多通道的信息传递形式提高了社会教育的实效性。为解决开展社会活动中的困惑提供了一个有效的支架。

(2)本次研训活动的内容来源于日常实际工作中的问题,易于引发参加研讨的教师的共鸣。小组团队合作的方式,提高了教研活动的参与度。经验回顾、实践体验、问题聚焦、专题讨论和微格尝试等多种方式贯穿整个研训过程,感性体会与理性思考的结合、理论学习与实践操作的结合,改变了研训活动单一学习的方式,让教师在亲身体验和主动学习的过程中更新教育理念和教育方式。研训活动的收获可以运用于实际工作中,教师可以真切地体会到开展集体研训活动的价值和作用。

(3)针对图标在社会活动中运用的具体情况,与日常活动中开展教研的情况相结合,教师可以收集整理相应的活动案例,进一步细化和完善图标使用的策略和规律。

【研训资料】

➢ 图标[1]

图标是一种介于实物图像和抽象符号之间,用以指代事物的图形、标志和符号。它既是抽象以后的形象,又是形象化的抽象,最易揭示事物的本质。

➢ 幼儿社会性发展[2]

儿童的社会性是由其稳定的内部结构和通过遗传与环境因素相互作用而形成的那些特性。社会性发展是指儿童在与他人关系中表现出来的行为模式、情感、态度和观念以及这些方面随着年龄而发生的变化。社会性是人们进行社会交往,建立人际关系,理解、掌握和遵守社会行为规则,以及控制自身行为的心理特征。

---

[1] 章丽,主编. 图标:幼儿园课程实践新视角[M]. 南京:南京师范大学出版社,2010:12.
[2] 但菲,主编. 幼儿社会性发展与教育活动设计[M]. 北京:高等教育出版社,2008:4.

> **幼儿社会教育**[1]

个体的社会性发展亦需要借助外界力量才能得到适宜的发展。我们将旨在促进幼儿社会性朝向积极的、健康的、和谐的方向发展的，一切外在的、有组织的、有目的的教育活动统称为幼儿社会教育。

> **社会情感**

人们在社会生活中因自己的需要满足与否而产生的内心感受和心理体验。

> **社会行为**[2]

个体在人际交往中所表现出来的对人、对事、对物的一系列态度和行为反应。

（江苏省南京市实验幼儿园　朱静晶）

---

[1] 刘晶波，等. 幼儿园社会领域教育精要——关键经验与活动指导［M］. 北京：教育科学出版社，2018.

[2] 刘晶波，等. 幼儿园社会领域教育精要——关键经验与活动指导［M］. 北京：教育科学出版社，2018.

31. "幼儿园社会教学基本环节的认识"教研方案

【研训背景】

关于幼儿园社会教学活动，青年教师遇到的问题主要集中在活动内容太宽泛，没有具体的内容和直观的素材，对组织社会教学活动存在畏惧心理。从现场观摩青年教师的社会教学活动来看，教学活动的组织形式比较单一，谈话空洞，环节流程不清晰，造成说教式教学流于形式。社会教学活动直观性的素材少，大多需要借助语言故事、科学操作、体育游戏、美术活动来完成，因此造成社会活动和其他领域教学活动不同程度的混淆，从而忽视了社会教学的核心价值，造成教学效果不理想。本次研训便基于以上背景展开。

【研训对象】

幼儿园一线青年教师

【研训课时】

1.5小时（2课时）

【研训目标】

（1）通过研训活动，了解幼儿社会性发展的概念、幼儿社会教学活动的基本流程和环节。

（2）通过教研游戏、小组讨论、实践操作等方式，提高教师的研训素质，发展教师的综合能力。

（3）通过研训使青年教师在轻松严谨的研训氛围中获得专业成长。

【研训准备】

（1）主持人教具：PPT（关于社会教学的流程与环节设计）；《社会教学经典教案集》一本；供游戏使用的报纸、记号笔、铅画纸等。

（2）教师用具：人手若干张讨论纸、笔等。

【研训空间】

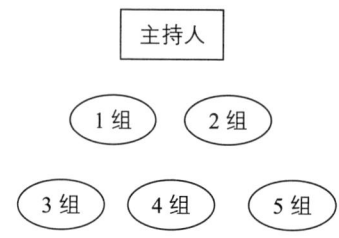

【研训过程】

环节一：教师结伴组成学习小组，主持人进行自我介绍

1. 教师按照10人一组自选落座，组成临时学习小组。

2. 主持人做自我介绍。

环节二：教师通过游戏初步了解社会性发展的核心概念

1. 主持人组织教师游戏。

主持人讲解"踩报纸"的游戏规则：每组发一张报纸，两人同时站在报纸中央，成功在报纸上站立3秒钟即可通过（研训人可以引导全场一起3秒倒数）。之后将原来的报纸对折，即面积缩小一倍，然后两人需要再次站上去，以此类推，直到最后一组结束游戏。

2. 主持人向参与游戏的教师提问，帮助其梳理社会性发展的关键词。

（1）提问：你们在游戏中有没有发现社会性的核心价值？引导教师说出合作、坚持、自信、接纳、友爱、尊重等关键词。

（2）提问：在幼儿园，我们的社会教学活动应该培养怎样的孩子？（与刚才梳理出来的核心概念一致）

3. 研训人利用PPT，讲解幼儿园社会教学的核心目标。

环节三：采用小组讨论和集中讲解的形式，帮助教师明确开展社会教学活动的流程和环节

1. 小组讨论，教师在讨论纸上写下自己认为的社会教学活动的基本流程。

（1）提问：如何进行一节社会教学活动？

（2）提问：你认为一节有效的社会教学活动应该有哪些基本流程？

2. 各小组选派代表进行发言，阐述小组的讨论结果。小组代表可以用语言汇报、海报图示等方式进行讲述。

3. 主持人出示PPT，结合教师总结的讨论结果，对幼儿园社会教学的环节和流程进行分析和说明。

环节四：教师尝试按照基本流程，设计一节社会教学活动（年龄段和内容自选）

1. 主持人选择几篇教案，与教师分析活动的流程和环节设计。

2. 教师尝试写一篇教案，将环节和流程付诸实践，提高认识。

3. 分享教师设计的活动流程，供大家学习、参考。

【研训拓展】

（1）主持人准备若干篇社会教学活动经典案例，在学习群里分享，供教师借鉴、学习和参考。

（2）在学习群里不定期地进行网络互助式培训。

【研训资料】

➢ **关于概念说明**

《幼儿园教育指导纲要（试行）》指出："社会领域的教育具有潜移默化的特点。幼儿社会态度和社会情感的培养尤应渗透在多种活动和一日生活的各个环节之中，要创设一个能使幼儿感受到接纳、关爱和支持的良好环境，避免单一呆板的言语说教。"

《3—6岁儿童学习与发展指南》提道："幼儿社会领域的学习与发展过程是其社会性不断完善并奠定健全人格基础的过程……幼儿的社会性主要是在日常生活和游戏中通过观察和模仿潜移默化地发展起来的。成人应注重自己言行的榜样作用，避免简单生硬的说教。"

➢ **幼儿园社会教学活动的基本环节**

第一环节：导入活动，引入话题。可以用图片、故事、谈话、表演、视频等形式进行导入。

第二环节：交流讨论，获得经验。可以通过层次性的提问和体验式的互动，帮助幼儿获得新经验。

第三环节：实践操作，巩固练习。教师要设计符合幼儿年龄的游戏，对幼儿所获得的经验进行巩固练习，从而达到内化行为的目的。

> 关于幼儿园社会活动的形式

（1）集体教学：为解决某一个或两个社会性问题而专门设计的教学活动。

（2）区域游戏：在各区域游戏中针对幼儿社会性发展进行关注、指导。

（3）社会实践活动：与社会接轨，开展主题式参观活动或亲子活动。

（4）节日、纪念日活动：针对某一节日或纪念日，教师与幼儿共同进行的谈话、品尝、演出、装扮环境等活动。

（5）一日活动中的渗透：渗透性是社会教育的最大特点，与环境渗透、与课程渗透、与游戏渗透、与一日生活的各个环节渗透。重要的是教师要有一双发现幼儿社会性价值的眼睛。

（江苏省南京市于家巷幼儿园　刘青）

32. "幼儿园户外体能健康活动"教研方案

【研训背景】

《幼儿园教育指导纲要（试行）》提出"开展丰富多彩的户外游戏和体育活动，培养幼儿参加体育活动的兴趣和习惯，增强体质，提高对环境的适应能力"的要求，我园努力挖掘户外体育活动的教育价值，创新体育活动形式——户外体能大循环活动。教师要巧妙利用与开发园内环境资源，根据幼儿的个体差异以及需求提供适宜的活动材料，在户外体能大循环活动中保障幼儿的安全，针对以上几方面内容进行大循环活动的实践和探索，促进幼儿的身心健康。

【研训对象】

全体教师

【研训课时】

2.5 小时（4 课时）

【研训目标】

（1）通过深入学习《3—6 岁儿童学习与发展指南》中关于动作发展的目标，结合幼儿的年龄特征、身心发展水平设计适宜的活动内容。

（2）通过同伴互助、自我反思、案例分析等研训方式，引导教师在原有的基础上不断补充和更新班级体能大循环活动的材料、形式，促进自身的专业化成长。

【研训准备】

（1）主持人教具：制作好的 PPT、外园开展体能大循环活动的图片分享、幼儿园手绘地图一份。

（2）教师用具：每组一份2开大小浅色空白纸、一盒水彩笔、A3大小卡纸、记号笔。

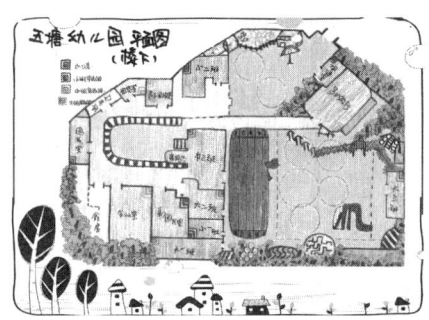
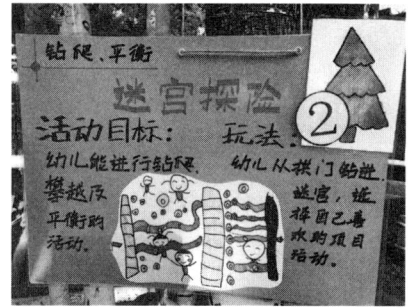

【研训空间】

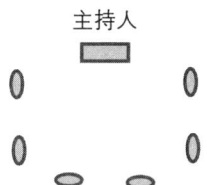

【研训过程】

环节一：开展头脑风暴，同伴互助分享

1. 参与教师按照所教幼儿的不同年龄段分组，采用头脑风暴的形式，唤起组员参与的热情（倾诉感悟、吐露困难、提出问题、表达见解），使组员拥有共同的目标，真心向往，快乐成长。

2. 主持人：户外体能大循环活动应如何开展？我们需要做些什么？
（每组一名记录员、一名发言员。）

3. 各组发言员分享本组的讨论结果。

4. 主持人梳理各组的发言信息。

环节二：分组学习，设计活动内容

1. 采用理论引领的方式，分组学习《3—6岁儿童学习与发展指南》中关于幼儿动作发展的目标，研讨各适宜各年龄段幼儿体能活动内容。

2. 每组设计三个活动内容。

环节三：实景研训

1. 出示幼儿园手绘地图，引导教师审视幼儿园户外环境资源，研讨如何利用现有场地开展户外体能大循环活动。

2. 教师分组安排研讨场地，确定各班的活动地点和活动设置。

3. 教师在各场地布置活动材料，实景体验活动感受。

环节四：自我反思

1. 教师按照不同年龄段分组落座。

2. 主持人出示外园开展户外体能大循环活动的PPT，引导教师与自己的活动设计进行对比。

主持人：请大家谈谈观看完PPT之后的想法，结合活动体验反思自己设计的活动有什么需要调整的地方。

3. 分组研讨：将场地按照班级划分编号。

环节五：调整活动设计，确定活动内容与场地安排

1. 主持人：请各组将讨论出的活动内容与场地在卡纸上记录下来。

2. 各位教师回班级与幼儿共同制作标记牌，布置活动材料。

环节六：讨论户外体能大循环活动的流程与注意事项

1. 参与教师按照所教幼儿的不同年龄段分组，讨论活动开展的流程与注意事项。

2. 每组请一名发言人进行分享，确定活动的流程与注意事项。

3. 绘制全园体能大循环活动实施表格。

4. 全园开展户外体能大循环活动。

【研训拓展】

（1）开展户外体能大循环活动微格培训。对一个班级活动进行视频拍摄，重新播放录像，组织教师一起观看后进行分析、评价。评价时，先让班级教师自评，然后再根据反馈获取的信息，修改活动设计与材料设置，再次开展活动、拍摄及评价。

（2）定期评价场地、材料、人员的安排和设置。

（3）发放家长调查表，听取家长的意见，家园合作，进一步完善户外体能大循环活动。

【研训展析】

本次研训活动通过探索、交流的互动教研方式，有效地激发了教师对幼儿体育活动研究的积极性，为今后更好地开展体育教研活动奠定了良好的基础。此次研训活动采用了理念与实践紧密结合的方式，具有可操作性、示范性；通过现场讨论、影像记录等形式，参训教师积极发言，观察到位，研讨氛围活跃。

本次研训活动基于教师的实际教学问题开展。针对"我看到了什么、哪些亮点值得学习、还有哪些不足之处需要改进"三个问题进行研讨和评议。参训老师获益匪浅。

本次研训活动对我园今后科学有效地开展体育活动、对教师日常体育活动的组织质量的提升、激发幼儿对体育活动的兴趣、促进幼儿运动技能的提高和体能的发展等都有助益。

【研训资料】

➢ 户外体能大循环

幼儿园户外体能大循环是指在幼儿园内，以促进幼儿体格健康发育为目的，尝试运用不同体育活动器械及辅助材料，在不同气候、时间，合理利用场地进行体育综合活动，让幼儿在活动中发展运动能力，感受、体验运动带来的成功感、愉悦感。户外体能大循环活动不仅增强了幼儿的身体素质和自信心，还激发了幼儿与他人合作的意识，并在运动中获得了积极的、愉快的情感体验。

➢ 户外体能大循环活动注意事项

考虑到幼儿的年龄特征和身心发展水平的差异，户外体能大循环活动应注意以下几方面：

（1）选择幼儿感兴趣的内容，适当允许幼儿尝试充满挑战的循环竞技活动,在活动中幼儿学会控制练习的节奏与密度。

(2)合理安排每个区域人员的工作职责,即针对每个区域器械的使用和幼儿的安全保护,教师应根据幼儿运动的强度,及时更新个别活动项目和内容,激发幼儿的运动兴趣,挖掘幼儿的运动潜能。

(3)时间安排有序。要在每周的指定时间进行户外体能大循环运动。

(4)教师指导策略适当。在整个体能循环过程中,教师要有针对性地引导幼儿按照要求锻炼,如果在循环过程中幼儿有不清楚的环节,教师应及时给予帮助,引导幼儿有序地进行锻炼。在活动开展和实施的过程中,发现问题要及时与幼儿商量讨论;材料、场地不合适要及时调整,以促进幼儿体格健康发育为目的;尝试创设不同的运动区域,投放不同的运动器械,打破班级界限,让幼儿充分活动。

(江苏省南京市鼓楼区五塘幼儿园　卑蕾)

万千教育 学前教育类书目

书号	书名	著、译者	定价(元)
幼儿园教师专业成长指导			
2113	做会沟通的幼儿教师	胡剑红 等 主编	38.00
2236	幼儿园文案撰写规范与技巧	刘 敏 等 著	52.00
2311	幼儿园探究性环境创设（四色）	康 丹 等 译	48.00
2056	小脑袋，大问题（四色）	孟 晨 译	48.00
2309	破解幼儿园教师的90个工作难题	杜长娥 徐 钧 主编	52.00
2112	幼儿园优质教研活动设计方案	朱 清 等 著	38.00
1781	给青年幼儿教师的建议	吴邵萍 著	40.00
8470	答新手幼儿教师120问	刘洪霞 主编	28.00
1798	幼儿园新手教师指导手册	王 芳 等 著	48.00
1783	从新手到骨干——幼儿教师专业成长故事	尹坚勤 编著	42.00
1780	幼儿教师追求幸福的方法	余胜兰 著	42.00
9111	做个幸福快乐的幼儿教师 ——为你的专业成长支招	莫源秋 著	28.00
9047	幼儿教师临场应变技巧60例	冯伟群 著	25.00

8930	幼儿教师易犯的150个错误	伍香平 编著	32.00
0070	幼儿教师必知的礼仪规范	向多佳 编著	38.00
9611	幼儿园教师必知的60条教育政策与法规	洪秀敏 编著	34.00
幼儿园教师专业成长指导系列合计			633.00
幼儿园教师教学技能与活动指导			
2253	理解儿童心理从绘画开始（全彩）	陈 侃 著	38.00
0760	幼儿园备课·说课·听课·评课	俞春晓 等 著	42.00
8598	幼儿园集体教学活动设计方法与实例	俞春晓 著	28.00
9499	幼儿教师必须修炼的10项教学技能	俞春晓 著	25.00
9454	幼儿园教学诊断技巧与对策58例	王春燕 等 著	38.00
1799	幼儿园电影主题活动创意设计（全彩）	王微丽 等 主编	72.00
9612	幼儿园综合主题活动 ——设计技巧与优秀案例	赵旭莹 等 主编	42.00
1235	幼儿园绘本美术活动创意设计（全彩）	郭莉萍 赵福云 主编	68.00
9323	幼儿园美术活动创意设计（全彩）	罗 梅 赵福云 主编	56.00
0180	给幼儿教师和家长的81条美术教育建议（全彩）	李力加 著	62.00
9150	幼儿园节日活动精彩设计方案	刘洪霞 主编	35.00
9590	幼儿园语言活动创新设计	郭咏梅 著	32.00

……
欲了解更多图书信息，请登录：www.wqedu.com
联系地址：北京市西城区三里河路6号院2号楼213室　万千教育
咨询电话：010-65181109，65262933

*本目录定价如有错误或变动，以实际出书为准。